JN026603

はじめて学ぶ

経済系のデータ分析

【第3版】

情報処理演習教材作成委員会　編

学術図書出版

はじめに

　近年，スマートフォンの普及により，学生のみなさんのパソコンの利用機会がますます減少しつつあります。そのため，大学での教育現場において，たとえば，パソコンのハードディスクドライブがよくわからない，キーボードでの日本語入力の方法がわからない，表計算ソフトが何の役に立つのかわからない，といったパソコンに不慣れな学生さんが増えています。

　大学生となった皆さんが，学習・研究を進めていくには，パソコンを使って文書を作成することは必須であり，とりわけ経済系の領域では，過去から現在までの経済的な事象がどのように変遷してきたのか，その変遷は何が原因となっているのか，または，将来的にはどのようになると予想されるのか，データを用いて明示・実証・予測していく作業が不可欠です。それには，表計算ソフトを用いて効率よくデータ分析するスキルが求められています。

　本書は，人文・社会科学系の大学1年生で，はじめて Microsoft Excel®や Microsoft Word® を使う学生さんを対象としています。これらソフトの操作方法を学習しながら，基本的なデータ分析の方法や文書作成のスキルを習得することを目標としています。当然，データ分析には，パソコン操作の技術だけではなく，適切な統計的手法を用いる必要もありますので，初学者向けの統計的手法の知識も習得できるよう解説しています。

　本書は5章と補論で構成されており，各章を180分（90分授業×2回），補論Aを90分で学習を進めたとき，およそ1セメスターで終了することを目標に作られています。

　第1章では，初めて Excel を使う学生さん向けに，Excel 画面の説明から始まり，基本的な計算式の入力方法などを学んだあと，データを視覚的に捉えるために，折れ線グラフや棒グラフなどのグラフ作成の方法を学びます。

　第2章では，Excel によるデータ分析の基礎として，時系列データ（タイムシリーズデータ）および横断面データ（クロスセクションデータ）の分析方法を学習します。まず，時系列データの分析方法として変化率や年平均変化率などを学習し，次に，都道府県別データなどの横断面データを用いる場合の適切な指標の作成方法やデータの特徴を把握するための Excel 操作を学んでいきます。

　第3章では，寄与度分析について取り上げます。寄与度分析は，ある変量の変化率の増減について，その変量の内訳項目の寄与の程度を測るためのものであり，ある変量の内訳が「和」の形式で表されるか，「積」の形式で表されるかによって，それぞれ計算の方法が異

なります。本章では，寄与度分析に多用される国民経済計算の概要について説明したあと，和の関係式で表される場合と積の関係式で表される場合の 2 種類の要因分解の方法について学習します。

第 4 章では，実験や調査といった方法で集められた量的データから，集団の特性などを把握するための記述統計を取り扱います。まず，1 変量のデータの特徴を把握する場合として，データの分布の様子を捉えるための度数分布表やヒストグラムを学び，また，代表値や散らばりの指標などを学習します。次に，2 変量のデータの関係を捕捉するための散布図や相関係数を学びます。

第 5 章では，回帰分析を取り扱います。回帰分析は，変数間に因果関係が想定され，ある原因となる変数が変化したとき，結果となる変数がどれぐらい変化するのかを知りたい場合に用いられる手法です。まずは，原因となる変数が一つであると想定した単回帰分析を学習し，次に，原因となる変数が複数あると想定した重回帰分析を学習していきます。

補論では，各論としてレポート作成や分析の効率化に有用な事項を解説しています。補論 A では，Word を初めて利用する学生さん向けに，例題を用いて文書作成の手順を解説しています。キーボードの入力などが不慣れな場合には，補論 A から始めることをお勧めします。補論 B では，データ分析の結果を用いたレポートを書く際の注意点を整理し，各例題を題材としたレポートの文書例を示しています。補論 C では，より効率的にデータの整理や集計などを行うためのピボットテーブルの利用方法を説明しています。補論 D では，地域分析を行う際に有用となる統計情報を地図上に図示する方法の習得を目指しています。

各章には，それぞれ【例題】，【練習問題】，【発展問題】が数問ずつ用意されており，Excel の基本的な操作は【例題】を通してマスターできるよう構成しています。また，【練習問題】は，【例題】と同程度の知識と技術で解ける内容にしていますので，学習内容が修得できているかどうかを確認するために，または反復練習で知識・技術を定着させるために，ぜひ自力で解いてみてください。さらに，【発展問題】は，【例題】で学習した知識や技術にプラスアルファの応用的内容が盛り込まれており，解答のための解説（ヒント）も用意していますので，データ分析に関心のある学生さんにはぜひトライしてもらいたいと思います。

【例題】を解くうえで必要となる Excel や Word の操作方法については，「操作」という項目で番号が付してあります。初出の操作内容については詳細に解説していますが，章を超えて，再度同じような操作方法が用いられる場合には，初出の操作番号のみを示しています。

操作方法を忘れている場合には，ぜひ前出の操作番号の箇所に振り返って復習をしてください。そのために，本書の冒頭に「Excel および Word の操作一覧」として，操作番号とその内容を整理しています。

　また，〈参考〉項目には，Excel やパソコンに関する追加情報，【例題】に関連するその他の操作方法，その他の補足説明などを記載しています。適宜，参考にしてください。

　なお，本書の説明には，Microsoft®の Excel 2016 および Word 2016 の操作画面を用いています。

　本書は入門レベルの内容であり，本格的にデータ分析をするにはまだまだ勉強すべきことが数多くあります。まずは，本書を通して，データ分析に対する基礎体力をつけながら，データから社会・経済現象を解きほぐしていく楽しさや難しさを感じてもらいたいと思います。そして，これからの学生生活において，さらには卒業し社会人になったときにも，さまざまなデータに関心を寄せ，積極的に自ら学習を深めていってもらいたいと思います。

2021 年 1 月　編者

目　　次

Excel および Word の操作一覧

第1章　Excel の基本操作とデータの可視化

　Microsoft Excel は，現在，一般に広く用いられている表計算ソフトである。このソフトを用いれば，表形式で整理されたデータを集計し，平均値や分散などの統計量を関数を用いて容易に出力することができる。また，棒グラフ，折れ線グラフ，円グラフ，散布図など，様々なグラフ機能も有している。本章では，まず 1.1 節で Excel の基本操作を学習し，次に 1.2 節で経済データを分析するうえで不可欠となるデータの可視化，すなわちグラフの作成方法について学習していく。

1.1　Excel の基本操作

(1) Excel の画面と各種名称

　Excel の画面は，図 1.1 のように構成されている。まず，[リボン]にある各種の機能は[タブ]をクリックすることで切り替えることができる。[リボン]には各種機能が[グループ]ごとに分けられている。

　文字や数値，計算式は，「ワークシート」のセルに入力して作業を行う。ワークシートの上方と左側面には，アルファベットで列番号，数値で行番号がそれぞれ示されており，セル番号は列番号と行番号の組み合わせで表記・呼称される。たとえば，E 列と 3 行目であれば，「E3 セル」という。また，セルに入力するためには，まずそのセルをクリックし，緑の太枠で囲まれた状態にする必要があり，このような状態にすることを「アクティブ」にするという。複数のセルに同じ処理を行う場合には，それらのセルをドラッグで指定し「アクティブ」にする。なお，1 つ前の作業結果に戻したい時には[元に戻す]ボタンをクリックする。また，[上書き保存]ボタンを押すことで，それまでの出力結果を保存することができる。

　ワークシートは[シートの見出しタブ]をクリックすることで，1 つのファイル内で複数のワークシートを切り替えて利用することができる。新規シートを追加する場合には，[シートの見出しタブ]の右端に表示されている ⊕ マークをクリックする。なお，ワークシートを拡大・縮小して表示するには，右下の[ズームスライダー]で調整する。

　Excel の画面が，パソコン画面上に小さく表示されて見難い時は，[最大化]ボタンをクリックすると，画面全体に Excel の画面が表示される。

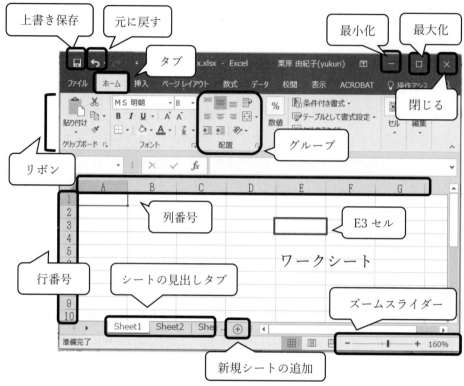

図 1.1　Excel の画面と機能

(2) Excel の演算子

　表 1.1 に示されているように，Excel では，掛け算や割り算の演算子（Excel で計算するための記号）が算術記号（×や÷といった記号）と異なること，また，カッコの有無により計算結果が異なることに注意が必要である。

計算内容		Excel 演算子	Excel 入力形式
加算	$2+5$	＋（プラス）	$=2+5$
減算	$2-5$	－（マイナス）	$=2-5$
乗算	2×5	＊（アスタリスク）	$=2*5$
除算	$2\div5$	／（スラッシュ）	$=2/5$
累乗	2^5	＾（ハット）	$=2\wedge5$
累乗根	$\sqrt[5]{2}=2^{\frac{1}{5}}$	＾（ハット）	$=2\wedge(1/5)$

表 1.1　Excel の演算子

【例題 1.1】

以下の設問に答えなさい。ただし，計算結果は四捨五入により小数第 2 位まで示すこと。

(1) エクセルファイルに新規のワークシートを挿入しなさい。

(2) ワークシートの[シートの見出しタブ]の名前を「例題 1.1」に変更しなさい。

(3) 以下の(a)〜(g)の計算を，数値入力による方法（数値を直接入力し計算する方法）と
セル参照による方法（他のセルに数値を入力し，そのセルを参照して計算する方法）の 2
通りで行い，答えが一致することを確認しなさい。

(4) (f)と(g)については，Excel の計算式としてカッコをつけた場合とつけない場合とで，
結果に違いがあることを確認しなさい。

(5) セル参照の計算式について，コピーして貼り付けした場合と値で貼り付けた場合とで，
参照セルの値を変更したときに違いがあることを確認しなさい。

(a) $2 + 5 = 7$

(b) $2 - 5 = -3$

(c) $2 \times 5 = 10$

(d) $2 \div 5 = 0.4$

(e) $2^5 = 32$

(f) $\sqrt[5]{2} = 2^{\frac{1}{5}} = 1.148\ldots$

(g) $\dfrac{5+2}{5-2} = 2.333\ldots$

	A	B	C	D	E
1				[貼り付け]	[値]
2			2	3	3
3			5	7	7
4					
5			数値入力	セル参照	セル参照	値貼り付け
6		a	7.00	7.00	10.00	7.00
7		b	-3.00	-3.00	-4.00	-3.00
8		c	10.00	10.00	21.00	10.00
9		d	0.40	0.40	0.43	0.40
10		e	32.00	32.00	2187.00	32.00
11		f	1.15	1.15	1.17	1.15
12	f カッコ がない例	0.40	0.40	0.43	0.40
13		g	2.33	2.33	2.50	2.33
14	g カッコ がない例	3.40	3.40	4.43	3.40
15					

例題1.1

図 1.2　仕上がり画面

操作 1.1　ワークシートの見出しの変更　— 例題 1.1 (1) および (2)

① [シートの見出しタブ]の右側にある＋マークをクリックすると，新規シートが挿入され
る。 新規に挿入されたタブの見出し（名前）は，環境によって異なるので，必ずしも図
とは一致しない。そこで，以下のようにタブの見出しを変更する。

3

② 挿入された[シートの見出しタブ]を右クリックすると，挿入，削除，移動またはコピーなどワークシートに関する様々な操作ができる（図1.3）。今回は，[名前の変更]をクリックし「例題1.1」へと変更する。なお，[シートの見出しタブ]をダブルクリックすることでも名前の変更は可能である。

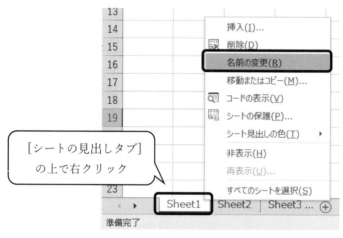

図1.3　ワークシートの名前の変更

操作1.2　計算式の入力（数値入力とセル参照）　— 例題1.1（3）および（4）

① Excelでの計算時には，必ず半角/全角|漢字キーで半角英数字の入力モードに切り替え，図1.4右のように画面右端に「A」と表示されていることを確認する。なお，図1.4左側のように「あ」と表示されているときは，日本語入力が可能な状態を示す[1]。

日本語入力が可能な状態　　　　　　　　半角英数字入力が可能な状態

図1.4　日本語入力と半角英数字入力

② 図1.5を参考に，A列の文字や計算式などを入力する。A12セルとA14セルには，「カッコがない例」と入力しておく。計算式を入力する際には，必ずイコール記号[＝]から入力し始めることに注意。もし（b）の結果がカッコ付きの赤字で示された場合や，（d）の

---

[1] 図1.4のパソコン画面の内容は，使用するパソコン等によって若干異なっている。

結果が日付になった場合は〈参考 1.7〉を参照のこと。

③　入力した計算式を一部修正したい場合には，修正したいセルをダブルクリックすれば カーソルが表示されるので，修正したい箇所に矢印キーでカーソルを移動させ修正する。

④　入力したセルの内容を全て消したい時は，$\boxed{\text{Delete}}$ キーで消すことができる。また，前 回までの操作内容に戻したい時は，図 1.1 左上の[元に戻す]ボタンを利用する。

	A	B	C
1			
2			2
3			5
4			
5		数値入力	セル参照
6	a	=2+5	=C2+C3
7	b	=2-5	=C2-C3
8	c	=2*5	=C2*C3
9	d	=2/5	=C2/C3
10	e	=2^5	=C2^C3
11	f	=2^(1/5)	=C2^(1/C3)
12	f カッコが	=2^1/5	=C2^1/C3
13	g	=(5+2)/(5-2)	=(C3+C2)/(C3-C2)
14	g カッコが	=5+2/5-2	=C3+C2/C3-C2

図 1.5　Excel での計算例

操作 1.3　列のコピーと貼り付け　—　例題 1.1（5）

①　C 列の列番号を右クリックすると，列に関する様々な操作が表示される（図 1.6 上）。

②　[コピー]をクリックした後，隣の D 列を右クリックし[貼り付け]のボタンをクリック する（図 1.6 下）。同様に C 列をコピーして，E 列に[値]で貼り付けをクリックする。

③　D2 セルと D3 セルの値，および E2 セルと E3 セルの値をそれぞれ 3 と 7 に変更しみ る。D 列への通常の[貼り付け]では，セル参照での計算式が入力されているので，参照セ ルの値を変えれば結果も変わるが，E 列への[値]で貼り付けを行った場合には，元の計算 結果のままである。このように，必要に応じて，貼り付けのスタイルを変更することがで きる。

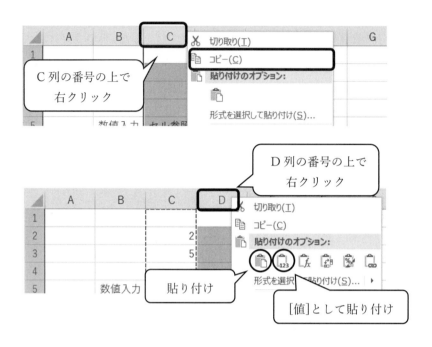

図 1.6　列のコピーと貼り付け

操作 1.4　小数点以下の桁の調整　— 例題 1.1

① 　小数点以下の桁を修正するセルを白十字のマウスポインタの状態のままドラッグで範
囲指定し，[ホームタブ]–[数値グループ]–[小数点以下の表示桁数]ボタンで小数第 2 位
まで示す（図 1.7）。この機能では，自動で四捨五入して表示される。

【四捨五入の例】

0.34589 を小数第 1 位まで示すと「0.3」

　　　　-> 小数第 2 位は[4]なので切り捨て

0.34589 を小数第 2 位まで示すと「0.35」

　　　　-> 小数第 3 位は[5]なので切り上げ

0.34589 を小数第 3 位まで示すと「0.346」

　　　　-> 小数第 4 位は[8]なので切り上げ

図 1.7　小数点以下の桁の調整

操作 1.5　セルの列幅や行高の調整　― 例題 1.1

① セルの列幅や行高を調整する場合は，マウスのポインタを列番号や行番号の境界に合わせ，白十字から黒い両矢印に変わったら，左右または上下にドラックする（図 1.8）。なお，図 1.8 の幅や高さの数字（88 ピクセルや 30 ピクセル）は例示であるため，厳密にこの数字に指定する必要はなく，適宜，見やすいように調整する。

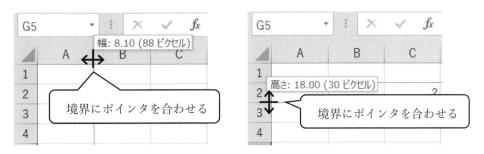

図 1.8　シートの列幅や行高の調整

操作 1.6　セル内の文字列の調整　― 例題 1.1

① A12 や A14 セルのように文字がセル内に入りきらないときは，[折り返して全体を表示する]を利用すると，セル内に文字列が収まるようセルの高さが自動調整される（図 1.9）。

② 文字全体の位置は，A 列全体をクリックで指定し，文字の配置を[中央揃え]で整える。

図 1.9　セル内の文字列位置の調整

〈参考 1.1〉便利なショートカットキー（1）

マウスでの操作に慣れたら，キーボードだけで操作できるショートカットキーを覚えておくと早く作業を進めることができるようになる。「Ctrl＋C」は，キーボードの Ctrl キーを押しながら， C のキーを押すことを意味している。

[ホームタブ]–[クリップボード] のボタンをクリック	キーボード操作
コピー	Ctrl + C
切り取り	Ctrl + X
貼り付け	Ctrl + V
元に戻す	Ctrl + Z

表 1.2　便利なショートカットキー

【練習問題 1.1】

　新しいシートを挿入し，シートの見出しタブの名前を「練習問題 1.1」へと変更し，以下の(a)～(g)の計算を，セル参照による方法で行いなさい。また，計算したセルを，コピーして貼り付けし，計算式の値を，2⇒4, 5⇒7, 6⇒8 に変更したときの計算結果を示しなさい。ただし，計算結果は四捨五入により小数第 3 位まで示すこと。

(a) $2 + 5 \times 6 =$

(b) $(2 + 5) \times 6 =$

(c) $2 \div 5 + 6 =$

(d) $2 \div (5 + 6) =$

(e) $\left(\dfrac{2}{5}\right)^{6} =$

(f) $\sqrt[6]{\dfrac{2}{5}} = \left(\dfrac{2}{5}\right)^{\frac{1}{6}} =$

(g) $\dfrac{5 - 2}{2} =$

	A	B	C
1			[貼り付け]
2		2	4
3		5	7
4		6	8
5			
6		セル参照	セル参照
7	a	32.000	60.000
8	b	42.000	88.000
9	c	6.400	8.571
10	d	0.182	0.267
11	e	0.004	0.011
12	f	0.858	0.932
13	g	1.500	0.750
14			
	練習問題1.1	Sheet2	Sh…

図 1.10　計算結果の画面

1.2 データの可視化

公的統計や民間が販売しているデータ，または独自に調査したデータなど，分析にはさまざまなデータが利用される。入手したデータは，いくつかのエディティングを施してから分析に用いることが多く，分析にかけるまでにかなりの労力と時間を要することも多い。さらに，データ・エディティングの後，本格的な分析を実施する前に，データの全体的な特徴を捉えるために，グラフ化により時系列的な推移や分布の傾向を確認することも不可欠である。本節では，本格的な分析の前に不可欠となるデータ・エディティングとグラフを作成するための Excel の基本操作を学習する。

【例題 1.2】

2007 年から 2017 年までの年齢階級別「人口推計（千人）」および「国の一般会計予算（10億円）」のデータを用いて以下の設問に答えなさい（データの出典は付録 1.1）。

(1) 総人口（千人），老年人口割合（%），国の一般会計予算の総額（10 億円），および社会保障関係費割合（%）を計算しなさい。なお，老年人口割合と社会保障関係費割合は以下の式により求められる。また，割合に関する数値は，四捨五入により小数第 2 位まで示すこと。

$$老年人口割合（%）＝\frac{65 \,歳以上人口}{総人口}×100$$

$$社会保障関係費割合（%）＝\frac{社会保障関係費}{国の一般会計予算の総額}×100$$

(2) 図 1.12(a)～(d) の 4 種類のグラフを作成しなさい。

	A	B	C	D	E	F	G	H	I	J	K	L	M	N	O	P
1																
2			人口推計（単位:千人）						国の一般会計予算（単位:10億円）							
3		年	0歳～14歳	15歳～64歳	65歳以上	総人口	老年人口割合(%)		地方財政費	国土保全及び開発費	教育文化費	社会保障関係費	国債費	その他	総額	社会保障関係費割合(%)
4	2007	17,293	83,015	27,464					14,955	6,677	5,299	22,423	20,468	13,982		
5	2008	17,176	82,300	28,216					15,703	6,581	5,418	23,909	19,940	17,361		
6	2009	17,011	81,493	29,005					16,596	7,910	6,018	30,384	19,251	22,399		
7	2010	16,839	81,735	29,484					18,811	6,185	5,538	29,286	20,236	16,673		

図 1.11　例題 1.2 のデータの配列（一部抜粋）

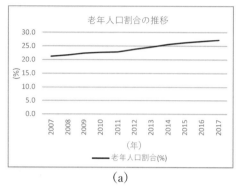
(a)

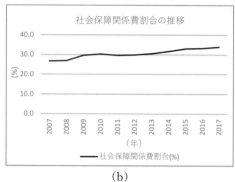
(b)

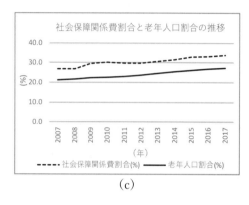
(c)

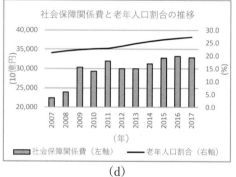
(d)

図 1.12　グラフの最終結果

操作 1.7　合計の算出　— 例題 1.2（1）

①　指定したセル範囲の合計値を求める関数［=SUM(データ範囲)］を用いて総人口を計
　算する（図 1.13）。本問では，以下のように入力する。

　　　総人口（F4 セル）：［=SUM(C4:E4)］

入力後に，F4 セルの左上部に緑のマークが現れた場合には，合計の計算範囲に注意を促
しているだけであり，今回は問題ないので，そのままにしておく。緑のマークの詳細は〈参
考 1.7〉を参照。なお，「C4:E4」の入力はキーボードから打ち込んでもよいが，［=SUM(　)］
まで入力し，C4 セルから E4 セルまでドラッグすることでも指定できる。

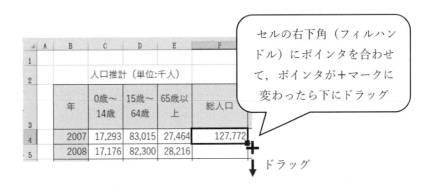

	A	B	C	D	E	F
1						
2		人口推計（単位:千人）				
3		年	0歳〜14歳	15歳〜64歳	65歳以上	総人口
4		2007	17,293	83,015	27,464	=SUM(C4:E4)
5		2008	17,176	82,300	28,216	

図 1.13　合計の計算

操作 1.8　オートフィルの利用（相対参照）　― 例題 1.2（1）

① 2007 年の総人口の計算内容をオートフィルで他の年にコピーするには, F4 セルをアクティブにし, その右下角の四角いマーク（フィルハンドル）にポインタを合わせて, ポインタが＋マークに変わったら下にドラッグする（図 1.14）。このように最初に入力した計算式をコピーしたとき, 参照セルが相対的に変化するものを**相対参照**という。

> セルの右下角（フィルハンドル）にポインタを合わせて, ポインタが＋マークに変わったら下にドラッグ

	A	B	C	D	E	F
1						
2		人口推計（単位:千人）				
3		年	0歳〜14歳	15歳〜64歳	65歳以上	総人口
4		2007	17,293	83,015	27,464	127,772
5		2008	17,176	82,300	28,216	

ドラッグ

図 1.14　オートフィルの方法

② 以下の計算式をそれぞれ入力し（図 1.15）, オートフィルで他の年にコピーする。

老年人口割合（G4 セル）: [=E4/F4*100]

国の一般会計の総額（O4 セル）: [=SUM(I4:N4)]

社会保障関係費割合（P4 セル）: [=L4/O4*100]

なお, 計算式内の E4 セルや F4 セルなどの指定の際にも, キーボード入力ではなく, クリックで指定することも可能。

		人口推計（単位:千人）						国の一般			
	年	0歳〜14歳	15歳〜64歳	65歳以上	総人口	老年人口割合(%)		地方財政費	その他	総額	社会保障関係費率(%)
2007	17,293	83,015	27,464	127,771	=E4/F4*100		14,955	13,98	=SUM(I4:N4)	=L4/O4*100
2008	17,176	82,300	28,216	127,692			15,703	17,361		

図 1.15　割合の計算

操作 1.9　折れ線グラフの作成　— 例題 1.2（2）

① 折れ線グラフを作成するために，まずはグラフに表示したい老年人口割合のセル（G4〜G14）をドラッグで範囲指定する。

② 図 1.16 左側のように[挿入タブ]–[グラフグループ]–[折れ線]をクリックすると図 1.16 右側のグラフが得られる。縦軸に表示されている数値の小数の桁数は，環境により異なるので，表示されたままの桁数で問題ない。もし修正したい場合には〈参考 1.6〉を参照。

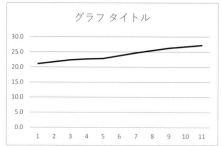

図 1.16　折れ線グラフの作成

操作 1.10　グラフの系列名と横軸ラベルの変更　— 例題 1.2（2）

① グラフ上で右クリックすると，図 1.17 のように作成したグラフに関する様々な操作を行うことができる。今回は，[データの選択]をクリックする。

② グラフの系列名の変更のために，[データソースの選択]ウィンドウの[凡例項目（系列）]–[系列1]–[編集]（図 1.18 左側）をクリックすると，図 1.19 左側[系列の編集]ウィンドウが表示される。[系列名]には，変数名が入っているセル G3 をクリックで指定する。

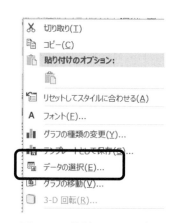

図 1.17　横軸ラベルの表示

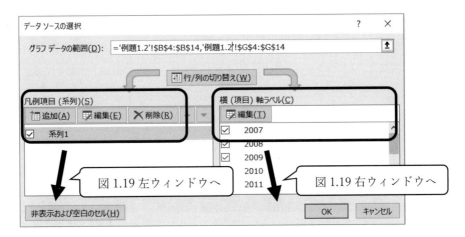

図 1.18　[データソースの選択]ウィンドウの設定

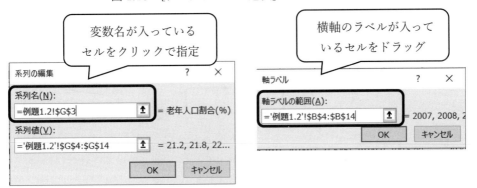

図 1.19　系列名（左側）と軸ラベル（右側）の入力例

また，[系列値]には，折れ線の値の範囲が入力されていることを確認する。折れ線の値の範囲が違う場合には，ドラッグで範囲指定し直す。その後，OK ボタンをクリックする。

③　横軸ラベルの変更のために，[データソースの選択]ウィンドウの[横（項目）軸ラベル] −[編集]（図 1.18 右側）をクリックすると，図 1.19 右側[軸ラベル]ウィンドウが表示される。[軸ラベルの範囲]に，横軸ラベルとして指定するセル B4:B14 をドラッグで範囲指定 OK ボタンをクリックし，[データソースの選択]画面を OK ボタンで閉じる。なお，横軸ラベルの文字の向きや縦軸の補助目盛の幅(5%ずつなど)は環境により異なるので，表示された状態で問題ないが，調整したい場合は〈参考 1.6〉を参照のこと。

操作 1.11　グラフの軸ラベルと凡例の追加　— 例題 1.2（2）

①　グラフをクリックした後，[グラフツール]−[デザイン]−[グラフ要素の追加]−[軸ラベ

ル]の[第1横軸]をクリックすると（図1.20），グラフ上に横軸のラベルを入力する欄が表示されるので，「(年)」と入力する。同様の作業で[第1縦軸]をクリックし，縦軸の軸ラベルに「(%)」と入力する

② ①と同様に，[グラフツール]–[デザイン]–[グラフ要素の追加]–[凡例]の[下]をクリックすると，グラフの下側に線種とグラフの項目名が表示される。凡例はドラッグにより移動できる。

③ タイトルに「老年人口割合の推移」と入力する（既出の図1.12（a）が得られる）。

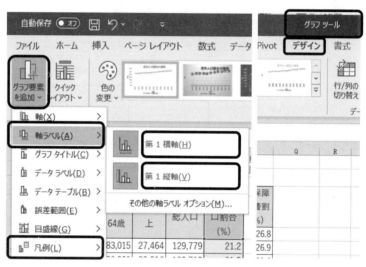

図1.20　軸ラベルと凡例の追加

操作1.12　グラフのコピーと貼り付け　— 例題1.2（2）

① 操作1.11で得られた図1.12（a）のグラフを右クリックで[コピー]し，適当なセルを右クリックして[貼り付け]し，複製する。

操作1.13　グラフの値の参照セル範囲の変更　— 例題1.2（2）

① 複製したグラフ上の折れ線をクリックすると値の参照セルが青枠で囲まれ，項目名の参照セルが赤枠で囲まれる。

② 値の参照セルを示す青枠の線上（四隅を除く）にポインタを合わせ，上下左右の黒矢印のポインタに変わったら，そのまま社会保障関係費割合の値のセル（P4:P14）までドラッグする（図1.21）。これで，グラフの値の参照セルが変更される。

③ ②と同様に，項目名の参照セルを示
す赤枠の線上（四隅を除く）にポイン
タを合わせ，上下左右の黒矢印のポイ
ンタに変わったら，そのまま社会保障
関係費割合（%）の項目名の P3 セル
までドラッグする。

④ タイトルをクリックし，「社会保障
関係費割合の推移」と変更する（図
1.12（b）が得られる）。

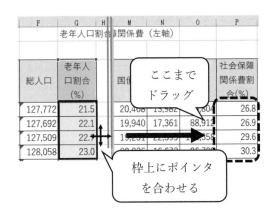

図 1.21　グラフのデータ参照セルの変更

操作 1.14　グラフへのデータの追加　― 例題 1.2（2）

① 操作 1.12 と同様に，社会保障関係費割合の図 1.12（b）のグラフを右クリックしてコ
ピーし，貼り付けにより複製する。

② 操作 1.10 と同様に，複製したグラフ上で右クリックし，[データの選択]をクリックす
る。[データソースの選択]ウィンドウの左下にある[凡例項目（系列）]の[追加]をクリッ
クする（図 1.22 左側）。

③ [系列の編集]ウィンドウ（図 1.22 右側）で，[系列名]には老年人口割合の変数名が入
った G3 セルをクリックで指定し，[系列値]には老年人口割合の数値が入った[G4:G14]
セルをドラッグで指定する。OK ボタンをクリックすれば，データが追加される。

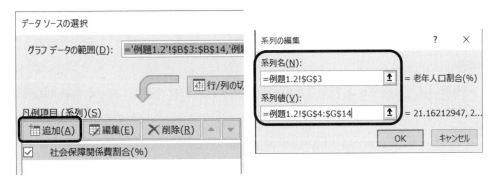

図 1.22　データの追加の操作手順

操作 1.15　グラフの線種の変更　— 例題 1.2 (2)

① 　カラー印刷ができない場合には線種を変更して表示すると見やすくなる。まず，変更したいグラフ上の折れ線をダブルクリックすると，画面右側に[データ系列の書式設定]ウィンドウが表示される（図 1.23）。

② 　[塗りつぶしと線]をクリックし，[実線/点線]のプルダウンボタンをクリックし，「点線（角）」を選択する。タイトルなどを変更すれば，既出の図 1.12 (c) が得られる。

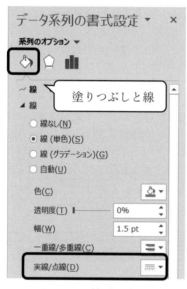

図 1.23　線種の変更

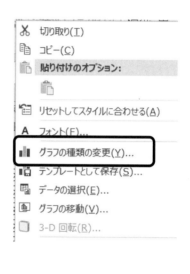

図 1.24　グラフの種類の変更

操作 1.16　グラフの種類の変更と 2 軸のグラフ　— 例題 1.2 (2)

① 　操作 1.12 と同様に，図 1.12 (c) のグラフを右クリックしてコピーし，貼り付けにより複製する。

② 　操作 1.13 と同様に，グラフ上の社会保障関係費割合(%)としているセル参照範囲（P4:P14）を，「社会保障関係費」（L4:L14）にドラッグして，変更する。同様に項目名の参照セルも，P3 セルから L3 セルに変更する。

③ 　②のグラフ上で右クリックし，[グラフの種類の変更]をクリックする（図 1.24）。

④ 　図 1.25 のように，[グラフの種類の変更]ウィンドウ内の[組み合わせ]をクリックする。[グラフの種類]として，老年人口割合には[折れ線]を指定し，[第 2 軸]にチェックを入れ，社会保障関係費には[集合縦棒]を指定し，OK ボタンをクリックする。

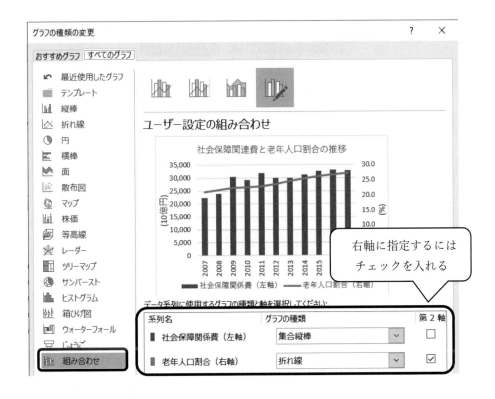

図1.25　2軸のグラフの作成

⑤　複数の系列を一つのグラフ上で扱う際に，右軸と左軸の対象系列を変更したり，それぞれの系列を指定して線種や色などを変更する場合は，次の手順で[データ系列の書式設定]を指定する。

　　変更したいグラフ上の任意の場所をクリックしてから，[グラフツール]–[書式タブ]–[選択対象の書式設定]をクリックする（図1.26）。その後，[選択対象の書式設定]の上部にあるプルダウンで，変更したい系列（たとえば，「系列"社会保障関係費"」など）を指定する（図1.27）。画面右側に，対象とする系列を操作するための[データ系列の書式設定]が表示されるので（図1.28），軸のオプションや塗りつぶし，線種などの変更ができる。

⑥　操作1.11を参考に，軸ラベルを追加し，左右の軸ラベルとタイトルなどを変更する。

図 1.26

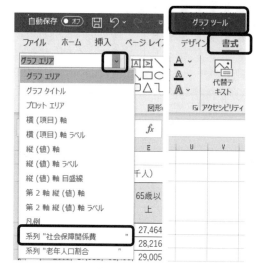

図 1.27　変更したい系列の指定　　　　図 1.28　系列の書式等の変更

図 1.29　グラフの系列名の参照セルの変更

⑦　2 軸のグラフの場合は，右軸と左軸がどちらの値を示しているかを明確にするために，
　凡例の系列名の横に，たとえば「社会保障関係費（左軸）」などと記載する。その際には，

L1 セルに「社会保障関係費（左軸）」と入力してから，対象となる棒グラフをクリックで指定し，図 1.29 のように系列名のセル範囲を L3 セルから L1 セルへと変更すると効率的である。老年人口割合も G1 セルに「老年人口割合（右軸）」と入力し，同様に参照セルの変更を行う。もちろん，[データソースの変更]ウィンドウを開いて，設定し直してもよい。

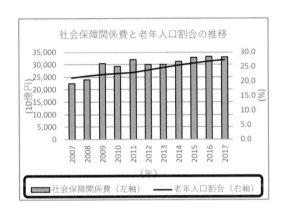

図 1.30　2 軸のグラフの出力例

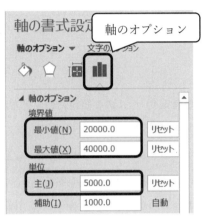

図 1.31　軸の最小値・最大値の指定

操作 1.17　グラフの軸の最小値・最大値の設定　— 例題 1.2（2）

①　グラフ上の左軸の数値上をダブルクリックすると，画面右側に[軸の書式設定]ウィンドウが表示される（図 1.31）。

②　[軸のオプション]内の[最小値]として 20000，[最大値]として 40000，[単位（主）]として 5000 をそれぞれ指定すると，既出の図 1.12（d）が得られる。

〈参考 1.2〉便利なショートカットキー（2）

　縦や横に長い行列（表）の場合，先頭行から最終行まで，先頭列から最終列までなどマウスのスクロールで移動するのは時間がかかる。表内の先頭行（列）から最終行（列）まで一気にアクティブセル（選択しているセル）を移動させる場合や，行や列を一気に範囲選択する場合には，ショートカットキーが便利である。「Ctrl +Shift+↓」は，キーボードの Ctrl キーと Shift キーを同時に押しながら，↓ のキーを押すことを意味している。

内　容	キーボード操作
アクティブセルの最終行への移動	Ctrl + ↓
アクティブセルの先頭行への移動	Ctrl + ↑
アクティブセルの最終列（右端列）への移動	Ctrl + →
アクティブセルの先頭列（左端列）への移動	Ctrl + ←
列（縦）の範囲選択	Ctrl + Shift + ↓
行（横）の範囲選択	Ctrl + Shift + →

表 1.3　便利なショートカットキー

〈参考 1.3〉セルの参照範囲の変更方法

　関数に指定するセルの参照範囲やグラフのデータ範囲は，マウスのドラッグで簡単に変更することができる。基本的には，参照範囲が色付きで枠囲みとなっている箇所にポインタを合わせ，ドラッグするのみである。ただし，枠囲みの四辺と，四隅のいずれにポインタを合わせるのかによって，操作内容が異なることに注意が必要である。

操作 1.18　セルの参照範囲の変更方法

　まず，参照範囲の四辺のいずれかにポインタを合わせると，上下左右の黒矢印のポインタに変わる。この状態でドラッグを行うと，参照範囲の移動ができる（図 1.32 左）。

　次に，参照範囲の四隅のいずれかにポインタを合わせると，斜めの両矢印にポインタが変わる。この状態でドラッグを行うと，参照範囲を広げたり狭めたりすることができる（図 1.32 右）。ここでは関数の例を挙げているが，グラフのデータ範囲にも同様に利用できるので，知っておくと大変便利である。

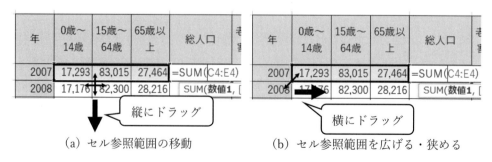

（a）セル参照範囲の移動　　　　（b）セル参照範囲を広げる・狭める

図 1.32　セル参照範囲の変更方法

<参考 1.4〉行，列，表全体の選択方法

　ある列だけセルの書式を変更したり，一括して行や列の操作をする場合には，行や列を選
択してから書式等の変更を行う。行の選択の場合には行番号の数字の上をクリックし（図
1.33），列の選択の場合には列を示すアルファベットの上をクリックすればよい（図 1.34）。
また，複数の行や列を選択する場合にも，行番号の数字上や列番号のアルファベット上をド
ラッグすれば選択できる。さらに，シート全体を選択する場合には，表の一番左上をクリッ
クする（図 1.35）。

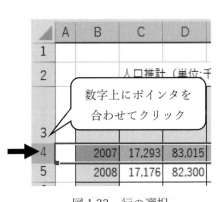

図 1.33　行の選択

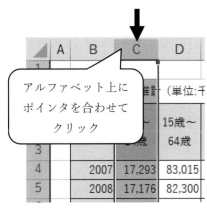

図 1.34　列の選択

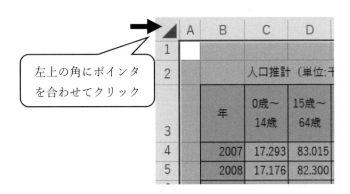

図 1.35　シート全体の選択

<参考 1.5〉ファイルの拡張子の種類

　[名前を付けて保存]などによりファイルを保存するとき，指定したファイル名の後ろに
「.xlsx」の文字が表記されている。これは，ファイルの種類を示すものであり，一般に「拡

張子」とよばれている。表 1.4 に示されるように Excel や Word はバージョンによって拡張子が異なり，異なるバージョンで作成したファイルを使う際には，互換性のない機能があるときがある。

　また，政府統計の Web サイトである e-Stat のデータベースからダウンロードしたファイルには，拡張子が csv となっているものがある。見た目には Excel ファイルに似ているが，データの保存形式としてはカンマ「,」区切りとなっている。Excel の機能を用いて分析する際には，[名前をつけて保存]から拡張子を xlsx 形式として保存し直してから作業を行わないと，作業した内容が失われることがあるので十分に注意しよう。

拡張子	ファイルの形式
doc	Word 2003 までの形式
docx	Word 2007 以降の形式
xls	Excel 2003 までの形式
xlsx	Excel 2007 以降の形式
csv	カンマ区切りで保存される形式 （政府統計 e-Stat のデータベースからダウンロードした場合などでよくみられる）
txt	テキストで保存される形式 （ワードパットやメモ帳などで保存したときにみられる）

表 1.4　ファイルの拡張子

〈参考 1.6〉グラフの微調整

グラフの横軸や縦軸の表示を微調整したい場合には，操作 1.19〜1.21 を行ってみよう。

操作 1.19　横軸ラベルの文字の向きの調整

　　横軸ラベルの文字の向きなどの調整をする場合には，横軸の値の上をどこでもよいのでダブルクリックすると（図 1.36），画面右側に[軸の書式設定]が開き，[配置]-[文字列の方向]の[左へ 90 度回転]などで調整を行う（図 1.37）。

操作 1.20　縦軸の目盛幅の調整

　　縦軸の目盛線の幅を変更する場合には，縦軸の値の上をどこでもよいのでダブルクリックすると，画面右側に[軸の書式設定]が開き，[軸のオプション]-[単位]の（主）の欄で目盛線を入れる幅を指定する（図 1.38）。

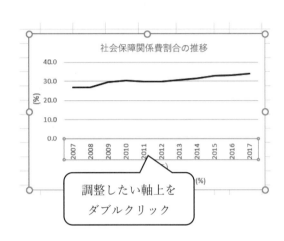

図 1.36　グラフの微調整

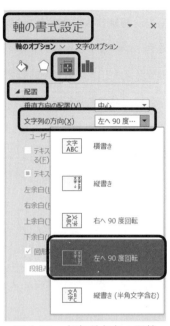

図 1.37　文字列方向の調整

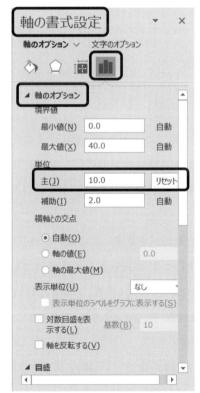

図 1.38　縦軸メモリの調整

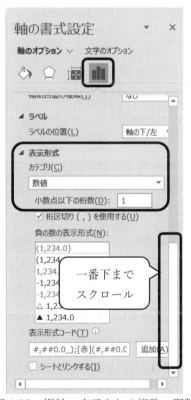

図 1.39　縦軸に表示される桁数の調整

操作 1.21　縦軸ラベルの数字の小数桁数の調整

　縦軸ラベルの数字の小数の桁数表示などを変更する場合には，縦軸の値の上をどこでもよいのでダブルクリックし画面右側に[軸の書式設定]を開き，[軸のオプション]の下方にスクロールし，[表示形式]のカテゴリを[数値]にし，小数点以下の桁数を指定する（図 1.39）。

〈参考 1.7〉よくある質問

	A	B	C	D	E	F	G
1	よくある質問						
2			表示内容	変更後			
3	①	負の値の表示形式	(72)	-72			
4	②	指数表示1（大きな桁）	1.E+04	10000			
5	②	指数表示2（小数桁）	1.E-04	0.0001			
6	③	金額の桁区切りカンマ	1,234	1234			
7	④	シャープの例	#######	100000000			
8	⑤	割り算結果が日付になる	2月5日	0.4			
9	⑥	カッコから始まる文字	-1	(1)			
10	⑦	セル左上端の緑のマーク	(1)				
11	⑧	文字入力時の注意	文章入力の開始セルをダブルクリックして修正する				

図 1.40　よくある質問（例）

① 計算結果がカッコ付きの赤字で表示されてしまう。

　→ 負の値は，自動でカッコ付きの赤字で表示されることがある。修正する場合は[ホームタブ]−[数値グループ]のプルダウンで[その他の表示形式]をクリックし（図 1.41），[セルの書式設定]ウィンドウで，分類を[数値]とし[負の数の表示形式]でマイナスの黒字をクリックする（図 1.42）。

② 計算後のセルに「1.E-04」や「1.E+04」と表示されて何を意味しているかわからない。

　→ これはエラーではなく，桁数が大きい場合などに簡略化して示されている。「1.E+04」は「10000」，「1.E-04」は「0.0001」を意味している。修正する場合は[ホームタブ]−[数値グループ]のプルダウンで[数値]をクリックする（図 1.41）。

③ 金額の桁を区切るためのカンマの入れ方がわからない。

　→ 「1,234」など千や百万の桁で区切る時には，[ホームタブ]−[数値グループ]の[,]をクリックする（図 1.43）。

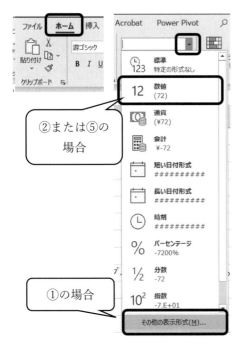

図 1.41　数値の表示形式の変更　　　　図 1.42　セル書式の設定画面（①の時）

図 1.43　金額の桁区切りの指定

④　計算後のセルに「#####」と表示されていて計算結果が読めない。

　→　初めて目にするとエラーと勘違いするケースがあるが，これはエラーとは限らず，列幅が狭いために，数値が表示しきれないことを示している場合もある。列幅を広げるか（操作 1.5），小数点以下の桁の調整（操作 1.4）を行うと，数値が表示されるようになる。

⑤　割り算の計算で「2/5」と入力したのに，日付が表示されて割り算の結果が表示されない。

　→　割り算の際に「＝」から始めずに，「2/5」と入力すると日付「2 月 5 日」などと表

示される。必ず計算の際には「＝2/5」と「＝」記号から入力を始めること。また，一度日付表示されると「＝」から入力しなおしても表示形式が日付のままになっていることがある。修正する場合は再度「＝2/5」と入力した後に，[ホームタブ]－[数値グループ]のプルダウンで[数値]をクリックし（図1.41），小数点以下の桁表示の調整をする。

⑥　セル内に(1)と書くと，「-1」と表示されてしまう。

　→　文字列として(1)と書きたい場合には，「　'(1)」とクゥオテーションから入力する。

⑦　計算式や文字を入力した後に，セルの左上端に緑の三角マークが表示される。

　→　このマークは，自動で他の入力規則との相違を検出し，入力内容に間違いがないか確認することを促している。間違いがなければそのままで問題ない。

⑧　セル内に，文章を入力したり，セル内に入力した後の文章を修正できない。

　→　セル幅を超えるような長い文字列を入力すると，画面上では他のセルにまで文字が入力されているように見えるが，実際には入力を開始したセルに全ての文字列が含まれているため，図1.44のようにD11セルなどをクリックして修正しようとしても修正できない。修正したい時は，文字が最初に入力されているセル（C11セル）をダブルクリックし，カーソルを表示させてから，矢印キーで修正したい箇所までカーソルを動かして修正する。

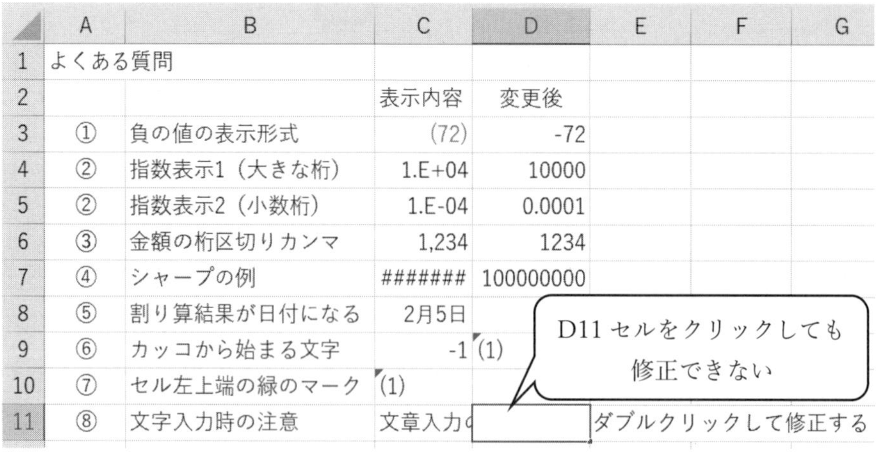

	A	B	C	D	E	F	G
1	よくある質問						
2			表示内容	変更後			
3	①	負の値の表示形式	(72)	-72			
4	②	指数表示1（大きな桁）	1.E+04	10000			
5	②	指数表示2（小数桁）	1.E-04	0.0001			
6	③	金額の桁区切りカンマ	1,234	1234			
7	④	シャープの例	#######	100000000			
8	⑤	割り算結果が日付になる	2月5日				
9	⑥	カッコから始まる文字	-1 (1)				
10	⑦	セル左上端の緑のマーク	(1)				
11	⑧	文字入力時の注意	文章入力	ダブルクリックして修正する			

（吹き出し：D11セルをクリックしても修正できない）

図1.44　セル内の文章の修正方法

【練習問題 1.2】

1997 年から 2017 年までの「人口推計（千人）」および「国の一般会計予算の教育文化費（億円）」を用いて，以下の設問に答えなさい（データの出典は付録 1.2）。

(1) 総人口（千人），年少人口割合(%)，教育文化費の総額（億円），学校教育費割合（%）および科学振興費割合（%）を計算しなさい。なお，年少人口割合は「15 歳未満人口÷総人口×100」，学校教育費割合は「学校教育費÷教育文化費の総額×100」，科学振興費割合は「科学振興費÷教育文化費の総額×100」により求められる。なお，割合に関する数値は，四捨五入により小数第 2 位まで示すこと。

(2) 教育文化費の総額を棒グラフ（左軸），科学振興費割合と年少人口割合を折れ線グラフ（右軸）とした 2 軸のグラフを作成し，このグラフから読み取れることを示しなさい。

年	人口推計（単位:千人）					国の一般会計予算・教育文化費内訳（単位:億円）						
	0歳〜14歳	15歳〜64歳	65歳以上	総人口	年少人口割合(%)	学校教育費	社会教育及び文化費	科学振興費	災害対策費	総額	学校教育費割合(%)	科学振興費割合(%)
1997	18,505	86,380	22,041			54099	1440	6878	42			
1998	18,283	86,139	22,869			59950	2135	9863	28			
1999	18,102	85,706	23,628			55935	1476	9188	19			
2000	17,905	85,404	24,311			55875	1599	8978	18			

図 1.45　練習問題 1.2 のデータの配列（一部抜粋）

【発展問題 1】

2005 年度から 2015 年度までの「国民所得（10 億円）」，「国債発行額（10 億円）」，「租税負担額（10 億円）」を用いて，以下の設問に答えなさい（データの出典は付録 1.3）。

(1) 各年度の国税と地方税の合計を計算しなさい。また，国民所得に占める国税の租税負担額（国税の租税負担額÷国民所得×100）を「国税の租税負担率（%）」とし，各年度の値を計算しなさい。同様に，「国税・地方税合計の租税負担率（%）」（国税・地方税合計の租税負担額÷国民所得×100）を計算しなさい。なお，それぞれ四捨五入により小数第 1 位まで示すこと。

(2) 国債発行額を棒グラフ（左軸），租税負担率の国税および国税・地方税合計をそれぞれ折れ線グラフ（右軸）とする 2 軸のグラフを作成し，このグラフから読み取れることを示しなさい。

	A	B	C	D	E	F	G	H	I
1									
2		年度	国民所得（10億円）	国債発行額（10億円）	租税負担額（10億円）			租税負担率（%）	
3					国税	地方税	国税・地方税合計	国税	国税・地方税合計
4		2005	387,356	31,269	52,291	34,804			
5		2006	392,351	27,470	54,117	36,506			
6		2007	392,298	25,382	52,656	40,267			
7		2008	363,991	33,168	45,831	39,559			

図 1.46　発展問題 1 のデータの配列（一部抜粋）

=== **発展問題 1 の解説** ===

2005 年度以降の 10 年間において，国税の租税負担率と国税・地方税合計の租税負担率がどのように推移しているか（租税負担が高まっている時期や低まっている時期など），グラフから読み取ってみよう。また，租税負担では賄えない場合，国の予算は国債の発行によって賄われているものと考えられる。国債発行による予算充足分は，将来の租税負担を増大させる可能性があることを念頭に置きながら，租税負担率とともに，国債発行額がどのように推移しているのかを読みとってみよう。

第2章　データ分析の基礎

　第2章では Excel によるデータ分析の基礎について学習する。利用頻度が高いと考えられるデータとして,「時系列データ（タイムシリーズデータ）」と「横断面データ（クロスセクションデータ）」の2種類がある。時系列データとは, 分析対象（たとえば, GDP）について時間の経過にともなう変化を示すデータを指す。一方, 横断面データとは, ある1時点における特定の集団（たとえば, 国単位, 都道府県単位, 世帯単位など）に関するデータを指す。以下では, 上記2種類のデータ特性を Excel を用いて明確に示す方法を学習する。

2.1　時系列データの分析

　この節では, 時系列データの特性を把握する方法を学ぶ。時系列データは, 分析対象となるデータが時間の経過にともなってどのように変化しているのかを把握し, 今後どのように変化していくのかを考えるために利用する。その際, 注意して観察すべきこととして, (1)増加傾向／減少傾向のどちらを示しているのか, (2)単調な変化なのか周期性をもつのか, (3)変化のペースは安定しているのか, 加速しているのか, 頭打ちになっているのか, という3点が挙げられる。このような特徴を捉えるために必要となる, 倍率, 変化率, 年平均変化率などについて考えてみよう。

(1) 単利と複利

　はじめに, 時系列データの例として金利計算を取り上げる。金利には, 単利と複利の2種類がある。**単利**の場合は各期において元金（初期の預金額）のみに対して利子（元金×利子率）がつくのに対して, **複利**の場合は各期の預金残高（元金とそれまでの利子の合計）に対して利子（元利合計×利子率）がつく。両者を式で表すと以下のようになる。

$$各年の単利での元利合計 ＝ 前年の元利合計 ＋ 元金 × 利子率 \tag{2.1}$$

$$各年の複利での元利合計 ＝ 前年の元利合計 × \left(1 ＋ 利子率\right) \tag{2.2}$$

　預金してから n 年後まで継続的に預けた場合, n 年後の元利合計は単利と複利の場合に

ついて，それぞれ (2.3) 式と (2.4) 式により算出される[2]。

$$n \text{ 年後の単利での元利合計} = \text{元金} \times \left(1 + \text{利子率} \times n\right) \qquad (2.3)$$

$$n \text{ 年後の複利での元利合計} = \text{元金} \times \left(1 + \text{利子率}\right)^{n} \qquad (2.4)$$

図 2.1 には，元金を 100，利子率を 1%（計算時は 0.01）としたとき，単利と複利のそれぞれで元利合計が 20 年後までにどのようになるかを示している（例題 2.1 で作成）。期間が長くなるにつれて，単利と複利の差が拡大していくことがわかる。当然のことながら，利子率が大きくなるほど単利と複利の差は大きくなる。

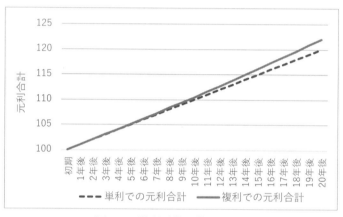

図 2.1　単利計算と複利計算

(2) 実質化

金額に関する変量について時系列的な傾向を捉えようとしたとき，その変量には物価変動分が含まれていることから，変量の上下の動きが実際の経済活動によるものなのか，物価の変動分によるものなのかが不明瞭となる。そこで，実際の経済の時系列的な動きのみを捕捉するために，物価変動分を除くための**実質化**が行われる。実質化された数値（**実質値**という）は，(2.5) 式のように，ある時点に得られた通常の金額変量（**名目値**という）を，その時点のデフレータ（物価）で除すことにより求められる。

---

[2] (2.3) 式と (2.4) 式は，(2.1) 式と (2.2) 式からそれぞれ導出できるので，各自で確認しておこう。

$$実質値 = \frac{名目値}{デフレータ（物価）} \qquad （1 を基準とするデフレータの時） \quad (2.5)$$

なお，デフレータ（物価）が1を基準として作成されている場合には(2.5)式を用いるが，100を基準として作成されている場合には，(2.6)式のように×100を行う。

$$実質値 = \frac{名目値}{デフレータ（物価）} \times 100 \quad （100 を基準とするデフレータの時） \quad (2.6)$$

図2.2には，GDP（国内総生産）の名目値，実質値，GDPデフレータ（GDPに関する物価）の推移を示している（例題2.2のデータ）。GDPは，一国に居住する生産者により，一年間にわたる国内での経済活動の結果として得られた付加価値（新しく創出した価値）の総額を表している。名目GDPは，リーマンショックの影響もあり2008年から大幅に低下傾向にあったが，2012年頃からやや回復傾向にある。しかしながら，GDPデフレータ（物価）は継続的に下降しているため，物価の影響を除いた実質GDPによれば，2010年頃からリーマンショック前の水準まで回復していることがわかる。このように，金額に関する時系列データを扱う場合には，物価の影響を念頭において分析を進める必要がある。

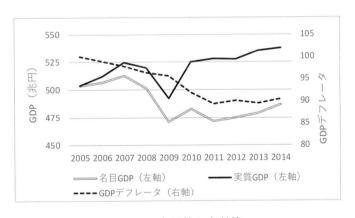

図2.2　名目値と実質値

（3）倍率と変化率

　時系列データを分析するための指標として多用されるものに，倍率と変化率がある。**倍率**は，基準時点の値に対する比較時点の値の比率により構成される。ここで，比較時点 t にお

31

ける変量を X_t，基準時点 0 における変量を X_0 と表記すると，倍率は(2.7)式により求められる。

$$時点 \text{t} の倍率 = \frac{X_t}{X_0} \qquad (2.7)$$

このように倍率は基準時点の値を X_0 に固定しているため，X_t が X_0 と近い値のとき 1 に近づき，X_t が X_0 から離れた値のとき 1 から乖離する。

　これに対して，**変化率**は t-1 時点から t 時点までの変化の様子を捉えたものであり，基準時点はあくまでも当該時点（t）の直前の時点（t-1）となる。t 時点における変量 X_t を用いれば，(2.8)式により算出され，通常はこの式に×100 をしてパーセント表示にする。

$$時点 \text{t} の変化率 = \frac{X_t - X_{t-1}}{X_{t-1}} \qquad (2.8)$$

なお，変化率は，「増減率」，「伸び率」，「成長率」などとも呼ばれ，いずれも(2.8)式に基づいて計算される。

（4）年平均変化率

　t-1 時点から t 時点までの変化率は(2.8)式により求められた。しかしながら，たとえばある初期時点から n 年後までの平均的な変化率を知りたい場合には，(2.9)式に基づき**年平均変化率** r を算出する。なお，通常はこの式に×100 をしてパーセント表示にする。

$$年平均変化率\, r = \left(\frac{X_n}{X_0}\right)^{\frac{1}{n}} - 1 \qquad (2.9)$$

ここで，初期時点の変量を X_0，n 年後の変量を X_n としている。

　年平均変化率の計算式は，複利の元利合計の考え方から導出される。いま，初期時点から n 年後まで，毎年 $r \times 100$ ％ずつ変化したとき，n 年後の変量の値 X_n は，複利の元利合計の計算式（2.4）式について，「n 年後の元利合計」を X_n，「元金」を X_0，「利子率」を r に置き換えたものとして求められる。

$$\text{n} 年後の値\, X_n = X_0(1 + r)^n \qquad (2.10)$$

この式を，年平均変化率 r が左辺にくるように式変形して整理すれば，(2.9) 式が得られる。

また，年平均変化率 r が求められれば，複利計算の考え方を応用して，(2.2) 式の「前年の元利合計」を前年の理論値，「利子率」を年平均変化率に変更することで，毎年 $r \times 100\%$ ずつ変化したときの理論値を求めることができる。ここで，ハット（^）は実際の値ではなく**理論値**（計算に基づいて得られた数値）であることを意味する[3]。

$$各年の理論値 \hat{X}_t = 前年の理論値 \hat{X}_{t-1} \times \left(1 + 年平均変化率\,r\right) \qquad (2.11)$$

図 2.3 には，2005 年から 2014 年までの実質 GDP の推移（実線）と，その期間の年平均変化率 0.730% に基づいて計算した理論値の推移（破線）を示している（例題 2.2 で作成）。実質 GDP は年によって変動しているが，理論値によれば，2005 年の値を初期値として分析期間最後の 2014 年まで，毎年 0.73% ずつ上昇したケースを捉えている。

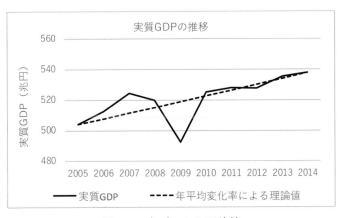

図 2.3　実データと理論値

【例題 2.1】

(1) 元金を 100，利子率を 1%（計算時は 0.01）としたとき，単利計算と複利計算のそれぞれで元利合計が 20 年後までにどのようになるかを計算しなさい（四捨五入により小数第 2 位まで）。ただし，それぞれオートフィルにより 20 年後までの結果を得るものとす

---

[3] なお，(2.10) 式の n 年後を任意の i 年後（i=1…n）に変更した以下の式を用いても，年平均変化率 r に基づいた変量 X の理論値（i 年後）を求めることができる。

$$i 年後の理論値 \hat{X}_i = X_0(1+r)^i$$

る。

(2) 元金を 1000，利子率を 0.1%，0.25%，0.5%（計算時は 0.001，0.0025，0.005）としたとき，単利計算による元利合計が 20 年後までにどのようになるかを計算しなさい（四捨五入により小数第 2 位まで）。ただし，G7 セルに計算式を入力したあと，オートフィルにより G〜I 列についての 20 年後までの結果を得るものとする。

(3)（1）で計算した結果を，折れ線グラフで示しなさい（既出の図 2.1）。

	A	B	C	D	E	F	G	H	I
1		単利と複利				単利での元利合計			
2		利子率	0.01			利子率	0.001	0.0025	0.005
3		元金	100			元金	1000		
4									
5		期間	単利での元利合計	複利での元利合計		期間	利子率 0.001	利子率 0.0025	利子率 0.005
6		初期	100.00	100.00		初期	1000.00	1000.00	1000.00
7		1年後	101.00	101.00		1年後	1001.00	1002.50	1005.00
25		19年後	119.00	120.81		19年後	1019.00	1047.50	1095.00
26		20年後	120.00	122.02		20年後	1020.00	1050.00	1100.00

図 2.4　金利計算の結果

操作 2.1　オートフィルの利用（絶対参照）　— 例題 2.1（1）

① C6 セルと D6 セルに[=C3]と入力し，セル参照により初期値を指定する。

② C7 セルに単利の計算式を，D7 セルに複利の計算式を入力する。

　　　※いずれもオートフィル後に誤った計算結果となる計算式

　　　　単利（C7 セル）:［ =C6+C3*C2 ］

　　　　複利（D7 セル）:［ =D6*(1+C2) ］

これらを 20 年後までオートフィルでコピーすると，操作 1.8 で学習したように計算式に含まれる参照元のセルは相対的に変化するため，すべての参照元（利子率・元金・初期値）が下方にずれ，正しい計算結果は得られない（図 2.5）。

③ そこで以下のように修正し，20 年後までオートフィルでコピーする。

※いずれもオートフィル後に正しい計算結果となる計算式

単利（C7 セル）：[=C6+$C$3*$C$2]

複利（D7 セル）：[= D6*(1+$C$2)]

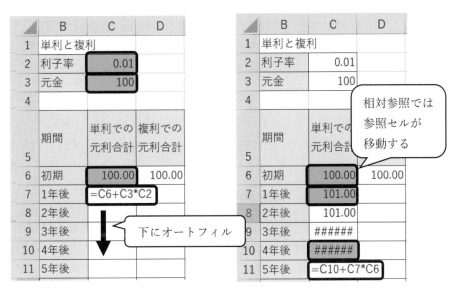

（a）相対参照での入力　　　　　　（b）オートフィル後の結果

図 2.5　相対参照のみを利用した誤った計算結果

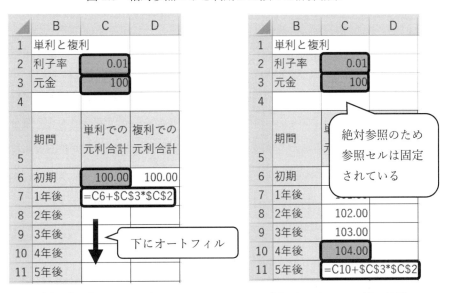

（a）絶対参照での入力　　　　　　（b）オートフィル後の結果

図 2.6　絶対参照を利用した正しい計算結果

ここで「$」の役割を説明する。たとえば，単利の計算式（C7セル）をオートフィル操作でコピーする場合，前年の元利合計（C6セル）は変化させる必要があるが，利子率（C2セル）と元金（C3セル）は固定する必要がある。[＝C6+$C$3*$C$2]という単利の計算式の場合，「$」を列番号と行番号の前に入力することによって，式をコピーする際に，元金（C3セル）と利子率（C2セル）を固定させることができる。たとえば，オートフィルによってコピーされた5年後の元利合計（C11セル）は[＝C10+$C$3*$C$2]となり，前年の元利合計の参照セルだけが相対参照で変化している（図2.6）。

　このように，計算式が入力されたセルを基準として，相対的に参照元を認識させる相対参照に対して，参照元の行番号と列番号の両方に「$」を付すことで，参照元のセル位置を絶対的に認識させ，行と列の参照セルを固定することを**絶対参照**という。

操作2.2　オートフィルの利用（複合参照）　― 例題2.1（2）

① 金利の異なる単利による元利合計を計算するために，まずはG6セルに[=$G$3]と入力し，初期の値として元金の値を指定する。絶対参照にしておくことで，H6セルとI6セルにもオートフィルで入力することができる。

② 1年後以降の元利合計を計算するために，操作2.1と同様に絶対参照を用いてG7セルに以下のように入力し，オートフィルにより横にコピーする。

　　※オートフィル後に誤った計算結果となる計算式
　　　金利0.001の計算（G7）：[=G6+$G$3*$G$2]

この結果から得られるH7セルをみると，前年の元利合計の参照元はH6セルに移るのに対して，利子率の参照元は変化しておらず，利子率0.0025の元利合計を求める計算式としては誤ったものになる。その原因は，利子率の参照元（G2セル）が絶対参照によって固定されていることにある。

③ そこで，G7セルには以下のように入力しオートフィルにより横にコピーし，さらに縦にコピーする（図2.7）。

　　※オートフィル後に正しい計算結果となる計算式
　　　金利0.001の計算（G7）：[=G6+$G$3*G$2]

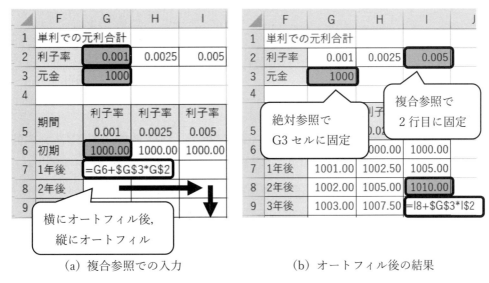

(a) 複合参照での入力 　　　　　(b) オートフィル後の結果

図 2.7　複合参照を利用した正しい計算結果

　絶対参照では，行番号と列番号の前に「＄」を付すことで参照セルを行と列ともに固定したが，今回は利子率を示す 2 行目のみを固定して G 列，H 列，I 列へは相対的に参照セルを移動させたいので，固定したい行番号 2 の前にのみ「＄」を付せばよい。また，もし列番号のみを固定したい場合には，列番号の前にのみ「＄」を付せばよい。このように，行番号あるいは列番号の片方のみを固定する方法を**複合参照**という。

　これまで学んできたように，Excel では既に入力した計算式をオートフィルなどでコピーすることによって，作業を省力化することができる。その際に注意が必要なのは，操作 2.1 と 2.2 で学習した相対参照・絶対参照・複合参照の区別である。これらの違いを理解して，使い慣れていこう。

F4 キーを押す回数	セルの参照方法	例
1 回	絶対参照	$G$2
2 回	複合参照　行番号の固定	G$2
3 回	複合参照　列番号の固定	$G2
4 回	相対参照に戻る	G2

表 2.1　F4 キーとセルの参照方法

なお，「＄」は，キーボードからも入力できるが，[F4]キーを使うほうが手早く入力できる。参照方法を変更させたい計算式内のセル番号にカーソルがある状態で，表 2.1 に示すように[F4]キーを使うことで参照方法を変更することができる。

操作 2.3　折れ線グラフの作成　— 例題 2.1（3）

① C5 セルから D26 セルまでをドラッグで範囲選択し，[挿入タブ]−[グラフグループ]−[折れ線]をクリックする（操作 1.9 を参照）。操作 1.10 を参考に，横軸ラベルを入れる。

② このままでは単利と複利の違いが分かり難いので，下限を 100 にするために，操作 1.17 と同様に縦軸をダブルクリックして画面右側に表示される[軸の書式設定]−[軸のオプション]の最小値を 100 に変更する。

③ 縦軸に表示される数値の桁は環境によって異なるので，表示されたままで問題ない。なお，修正したい場合には〈参考 1.6〉を参照。

【例題 2.2】

2005 年から 2014 年までの「名目 GDP（兆円）」および「GDP デフレータ」を用いて，以下の設問に答えなさい（データの出典は付録 2.1）。なお，GDP デフレータは 2005 年で 100 を基準としている。また，小数の表示桁数は図 2.8 を参考にすること。

	A	B	C	D	E	F	G	H	I
1									
2		国民経済計算（平成17年基準，兆円）							
3		i年後	年	名目GDP（兆円）	GDPデフレータ	実質GDP（兆円）	倍率（2005年=1）	変化率（%）	年平均変化率による理論値
4		0	2005	503.9	100	503.9	1		503.9
5		1	2006	506.7	98.9	512.3	1.017	1.67	507.6
12		8	2013	479.1	89.5	535.3	1.062	1.48	534.1
13		9	2014	486.9	90.5	538.0	1.068	0.51	538.0
14									
15						年平均変化率(%)		0.730	

図 2.8　例題 2.2 のデータの配列と計算結果（一部抜粋）

（1）名目 GDP を実質化し，実質 GDP を求めなさい。

（2）実質 GDP の倍率（2005 年=1）および変化率（%）を求めなさい。

(3) 実質 GDP の年平均変化率（%）を求めたうえで，この年平均変化率に基づく理論値を求めなさい。

(4) 実質 GDP とその年平均変化率に基づく理論値の折れ線グラフを作成しなさい。（既出の図 2.3）。

(5)（4）のグラフについて考察しなさい。

操作 2.4　実質 GDP，倍率，変化率の計算　— 例題 2.2（1）および（2）

① 2005 年の実質 GDP，倍率，2006 年の実質 GDP の変化率(%)を求める計算式を入力し（図 2.9），最終年までオートフィルでコピーする。なお，GDP デフレータは 2005 年で 100 を基準としているものであることに注意する。

2005 年の実質 GDP（F4）: [=D4/E4*100]

2005 年の倍率（G4）: [=F4/$F$4]

2006 年の実質 GDP の変化率（H5）: [=(F5-F4)/F4*100]

	C	D	E	F	G	H
3	年	名目GDP（兆円）	GDPデフレータ	実質GDP（兆円）	倍率（2005年=1）	変化率(%)
4	2005	503.9	100	=D4/E4*100	=F4/$F$4	
5	2006	506.7	98.9			=(F5-F4)/F4*100
6	2007	513.0	97.8			

図 2.9　実質 GDP，倍率，変化率の計算

操作 2.5　年平均変化率の計算　— 例題 2.2（3）

① H15 セルに 2005 年から 2014 年までの年平均変化率の計算式を，既出の（2.9）式を参考にして，以下のように入力する（図 2.10）。初年度から数えて 9 年後までなので n は 9 である。

$$年平均変化率 \, r = \left(\frac{X_n}{X_0}\right)^{\frac{1}{n}} - 1 \qquad\qquad\qquad (2.9)再掲$$

年平均変化率（%表示）（H15）：[=((F13/F4)^(1/9)-1)*100]

	B	C	D	E	F	G	H	I	J
3	i年後	年	名目GDP（兆円）	GDPデフレータ	実質GDP（兆円）	倍率（2005年=1）	変化率(%)	年平均変化率による理論値	
4	0	2005	503.9	100	503.9	1.000		=F4	
5	1	2006	506.7	98.9	512.3	1.017	1.67	=I4*(1+$H$15/100)	
6	2	2007	513.0	97.8	524.5	1.041	2.38		
12	8	2013	479.1	89.5	535.3	1.062	1.48		
13	9	2014	486.9	90.5	538.0	1.068	0.51		
14									
15					年平均変化率(%)		=((F13/F4)^(1/9)-1)*100		

図 2.10　年平均変化率とその値に基づく理論値の計算

操作 2.6　年平均変化率に基づく理論値の計算　— 例題 2.2（3）

① I4 セルに 2005 年の実質 GDP の値をセル参照[=F4]により入力する（図 2.10）。

② I5 セルに 2006 年の実質 GDP の理論値を求めるための計算式を以下のように入力し，オートフィルによって最終年までの理論値を求める。

年平均変化率による理論値（I5）：[=I4*(1+$H$15/100)]

操作 2.7　折れ線グラフの作成（離れたデータをグラフにする）　— 例題 2.2（4）

① 操作 1.9 を参考に，F4 セルから F13 セルまでをドラッグで範囲選択し，［挿入タブ］–［グラフグループ］–［折れ線］をクリックし，実質 GDP に関する折れ線グラフを作成する。次に，操作 1.14 を参考に，I4 セルから I13 セルまでの値をグラフに追加する。

② 操作 1.10 や操作 1.11 を参考に，横軸に年を入れ，縦軸のラベルを「実質 GDP（兆円）」として，グラフの体裁を整えれば，既出の図 2.3 が得られる。なお，縦軸の数値の表示桁数は環境により異なるので，表示されたままの桁数で問題ない。調整したい場合は〈参考 1.6〉を参照。

③ 操作 1.18 を参考に，グラフについて考察したことを C17 セルから入力する。文字入力後の修正が上手く出来ない場合には〈参考 1.7〉を参照。

【練習問題 2.1】

図 2.11 に示されている 2008 年から 2012 年までの「売上高（兆円）」のデータ [4]を用いて，以下の設問に答えなさい。

(1) 売上高の倍率（2008 年=1）および変化率（%）を求めなさい。

(2) 売上高の年平均変化率（%）を求めたうえで，この年平均変化率に基づく理論値を求めなさい。

(3) 売上高と年平均変化率に基づく理論値の折れ線グラフを作成しなさい。

	B	C	D
	i年後	年	売上高 (兆円)
4	0	2008	1508
5	1	2009	1368
6	2	2010	1386
7	3	2011	1381
8	4	2012	1375

図 2.11　練習問題 2.1 の
データの配列

〈参考 2.1〉年平均変化率の算出に算術平均を使わない理由

例題 2.2 では，累乗根を用いて年平均変化率を求めた。「年平均」とあるのだから，変化率の算術平均ではいけないのだろうか。そこで，各期の実質 GDP の変化率に関する算術平均を求め，この変化率の算術平均の値を年平均変化率の指標として用いたときの理論値を求めてみよう。実際に計算してみると，最終年の理論値が実質 GDP の値と一致しないこと（つまり変化率の算術平均では誤った結果が得られること）が確認できる。

操作 2.8　変化率の算術平均を用いた理論値の計算（誤った計算）

① 指定したセル範囲の算術平均を求める関数［=AVERAGE(データ範囲)］を用いて，H16 セルに 2006 年から 2014 年のまでの変化率の平均を求める（図 2.12）。

※誤った計算式

変化率の算術平均（H16）：［=AVERAGE(H5:H13)］

② ①で求めた変化率の算術平均値を用いて，J 列に（誤）変化率の平均値による理論値を求める計算式を入力する。

---

[4] データの出所：総務省統計局 e-Stat Web サイト，「法人企業統計調査　時系列データ（全産業（除く金融保険業））」（https://www.e-stat.go.jp）

※誤った計算式

変化率の平均値による理論値（J5）：[=J4*(1+$H$16/100)]

	B	C	D E	F	G	H	I	J	
3	i年後	年		実質GDP （兆円）	倍率（2005 年=1）	変化率(%)	（正）年平均 変化率による 理論値	（誤）変化率 の平均値によ る理論値	
4	0	2005		503.9	1.000		503.9	=F4	
5	1	2006		512.3	1.017	1.67	507.6	=J4*(1+$H$16/100)	
6	2	2007		524.5	1.041	2.38	511.3		
12	8	2013		535.3	1.062	1.48	534.1		
13	9	2014		538.0	1.068	0.51	538.0		
14									
15			（正)年平均変化率(%)			0.730			
16			（誤)変化率の算術平均値			=AVERAGE(H5:H13)			

図 2.12　各年の変化率の算術平均値とその値に基づく理論値

③　年平均変化率では毎年 0.73%，各年の変化率の算術平均では毎年 0.775%ずつ上昇していたことになる。すなわち，算術平均を用いると上昇の程度がやや高いことになる。この違いは理論値に反映されている。2014 年の実質 GDP（F13 セル），年平均変化率による理論値（I13 セル），および各年の変化率の算術平均値による理論値（J13 セル）を比較すると，年平均変化率を用いた結果ではデータの最終年の値が実質 GDP の値 538.0 と一致しているが，各年の変化率の算術平均値を用いた結果では，データの最終年の値として 540.1 と出力されており，実質 GDP の値とは一致せずに，若干高めの値が得られてしまう。したがって，平均して毎年何%ずつ成長しているかを知りたい場合には，算術平均を用いずに，年平均変化率の計算式を用いる必要がある。

2.2　横断面データの分析

国や地域，企業名や個人・世帯など，時点ではなくある集団や個体を一つの要素として，それらの調査結果または集計結果を示したものを横断面データ（クロスセクションデータ）

とよぶ。横断面データを用いる場合には，適切な指標を用いたり，並べ替えやデータの抽出を行うことで，各要素が保有する特徴を明示的に捉えることができる。

たとえば，都道府県別の県民所得を比較する際，他の条件が一定であるときには労働者が多ければ県民所得は大きくなるので，県民所得は人口にも影響を受けている可能性がある。そこで，人口の影響を考慮した 1 人当たり県民所得で評価すれば，都道府県の平均的な所得の大小を比較することができる。

$$1 \text{人当たり県民所得} = \frac{\text{県民所得}}{\text{県内人口}} \tag{2.12}$$

表 2.2 には，1 人当たり県民所得上位 5 位までの都道府県について，1 人当たり県民所得の値とその順位，および県民所得の順位を示している（例題 2.3 で作成）。1 人当たり県民所得が上位にある都道府県でも，県民所得では上位に入らない場合があることが確認できる。

都道府県	1人当たり県民所得 （万円）	1人当たり県民所得 （順位）	県民所得 （順位）
東京都	451	1	1
愛知県	352	2	4
静岡県	321	3	10
栃木県	320	4	15
富山県	318	5	30

表 2.2　1 人当たり県民所得の上位 5 位までの都道府県

また，(2.13) 式により計算される，全体に占める各要素の割合（シェア）なども便利な指標として多用される。なお，通常はこの式に ×100 をしてパーセント表示にする。

$$\text{全体に占める各要素の割合（シェア）} = \frac{\text{各要素の値}}{\text{全体の合計値}} \tag{2.13}$$

たとえば，2014 年の人口シェアを求めれば，日本の人口シェアが最も大きい都道府県は東京であり，最も小さい都道府県は鳥取県であることが分かる（これらの点を例題 2.3 で確認しよう）。

【例題 2.3】

2014 年の都道府県別の「面積 (km²)」，「人口（千人）」および「県民所得（10 億円）」を用いて，以下の設問に答えなさい（データの出典は付録 2.2）。なお，小数の表示桁数は，図

43

2.13 を参考にすること。

(1) 面積, 人口, および県民所得に関する都道府県の合計値をそれぞれ求めなさい。また, 人口密度（人/㎢）および 1 人当たり県民所得（万円/人）を求めなさい。

(2) 県民所得について, 大きい値から小さい値（降順）に並べ変えたときの順位を示しなさい。また, 1 人当たり県民所得について, 大きい値から小さい値（降順）に並べ替えたときの順位を示しなさい。これらの順位を計算し終えたら, no で小さい値から大きい値（昇順）に並べ替えなさい。

(3) 各都道府県に関する面積のシェア, 人口のシェア, 県民所得のシェアを求めなさい（単位:%）。

(4) 「人口 1000（千人）以下」の都道府県を示しなさい。また, 「人口シェア 2%台」の都道府県を示しなさい。なお, 抽出した都道府県は, 別のシートに解答として示すこと。

	A	B	C	D	E
1	2014年　都道府県別県民所得				
2	no	都道府県	面積(㎢)	人口(千人)	県民所得 (10億円)
3	1	北海道	78,421	5,410	13,824
4	2	青森県	9,646	1,323	3,177
5	3	岩手県	15,275	1,290	3,488

	F	G	H	I	J	K	L
1							
2	人口密度 (人/㎢)	1人当たり県民所得(万円/人)	県民所得 (順位)	1人当たり県民所得 (順位)	面積シェア (%)	人口シェア (%)	県民所得シェア(%)
3	69.0	256	9	34	21.03	4.25	3.56
4	137.2	240	33	41	2.59	1.04	0.82
5	84.5	270	28	30	4.10	1.01	0.90

図 2.13　例題 2.3 のデータの配列と計算結果（一部抜粋）

操作 2.9　ウィンドウ枠の固定 ― 例題 2.3

① 大きな表を扱う場合, 項目名やケースの名前（都道府県名など）は常に表示された状態のほうが作業しやすい。そこで, ウィンドウ枠の固定を行う。まず, 表示したい列と行の

交差する右下のセル（たとえば、B列目と2行目を表示したい場合には、それらの交差する内側のC3セル）をクリックする（図2.14 (a)）。なお、図2.14 (a) のように必ず表示したい行や列が画面上に表示された状態にしてからウィンドウの固定を行わないと、ウィンドウの固定後に確認したい行や列が表示されなくなるので注意すること。

② ［表示タブ］‒［ウィンドウグループ］‒［ウィンドウ枠の固定］‒［ウィンドウ枠の固定］をクリックする（図2.14 (b)）。これにより、縦方向や横方向にスクロールしても、表頭の項目名や表側の都道府県名は表示されたままとなっている。なお、このような表示の仕方を解除したい場合には、［表示タブ］‒［ウィンドウグループ］‒［ウィンドウ枠の固定］‒［ウィンドウ枠固定の解除］をクリックする。

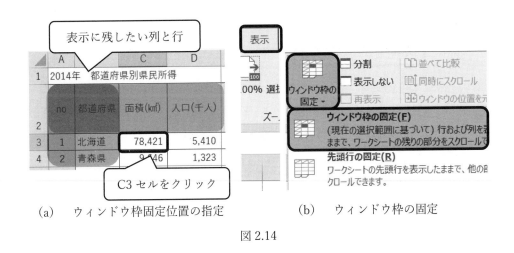

　　(a)　ウィンドウ枠固定位置の指定　　　　　(b)　ウィンドウ枠の固定

図2.14

操作2.10　指標の計算　― 例題2.3 (1)

① C51セルに［=SUM(C3:C49)］を入力し、横方向のオートフィルでE51セルまで計算する（図2.15）。

② 1 ㎢当たりに何人が居住しているかを示す人口密度（人/㎢）は、F3セルに下記のように入力したあと、全国計までオートフィルでコピーし、不要なF50セルの値を消す。なお、人口の単位が「千人」なので、×1000をして「人」単位に直していることに注意。

　　　　人口密度（F3）：［=D3*1000/C3］

③ 1人当たり県民所得（万円/人）は、G3セルに下記のように入力したあと、全国計までオートフィルでコピーし、不要なG50セルの値を消す。なお、県民所得は「10億円」単

位だったものを「万円」単位にするために×100000をし，「千人」単位の人口は×1000を
して「人」単位に直していることに注意。

1人当たり県民所得（G3）: [=E3*100000/(D3*1000)]

	A	B	C	D	E	F	G
2	no	都道府県	面積 （km²）	人口 （千人）	県民所得 （10億円）	人口密度 （人/km²）	1人当たり県民所得（万円/人）
3	1	北海道	78,421	5,410	13,824	=D3*1000/C3	=E3*100000/(D3*1000)
4	2	青森県	9,646	1,323	3,177		
5	3	岩手県	15,275	1,290	3,488		
48	46	鹿児島県	9,187	1,662	3,985		
49	47	沖縄県	2,281	1,426	3,024		
50							
51		全国計	=SUM(C3:C49)				

図 2.15　指標の計算

操作 2.11　オートフィルターの利用（並べ替え）　— 例題 2.3 (2)

① 　並べ替えを行う表の全体（A2 セルから L49 セルまで）をドラッグで範囲選択し，[ホームタブ]–[編集グループ]–[並べ替えとフィルター]–[フィルター]をクリックすると（図 2.16），表頭の項目名の右下にプルダウンボタン▼が表示される。

　なお，表全体を選択せずに一部の列のみを選択した場合，選択した列だけが並べ替えられるため，都道府県名と並べ替えられた値が異なってしまう。必ず表全体を範囲選択してからフィルターの設定をすること。

② 　「県民所得（10 億円)」のプルダウンボタン▼をクリックし（図 2.17），「降順」をクリックすると，大きい値から小さい値に並べ替えられる。

操作 2.12　オートフィルの利用（連続する値の入力）　— 例題 2.3 (2)

① 　操作 2.11 の②の状態で，「県民所得（順序)」の列に，順序を示す 1 から 47 まで数字を入力する。1 から 47 までの連続する数値を入力する際には，「1」と「2」をそれぞれのセルに入力したあと，それら 2 つのセルを白十字のマウスポインタの状態でドラッグで範囲指定してからオートフィルを行えば，自動で連続する数値が入力される。

② 　1 人当たり県民所得についても，操作 2.11 と 2.12 の操作を行う。これらの操作を終え

たら，no の列で昇順に並べ替えれば，最初の都道府県の順序に戻る。

操作 2.13　オートフィルターの解除　— 例題 2.3（2）

① オートフィルターの機能を解除する（プルダウンボタンを消す）場合には，［ホームタブ］–［編集グループ］–［並べ替えとフィルター］–［フィルター］をクリックする。

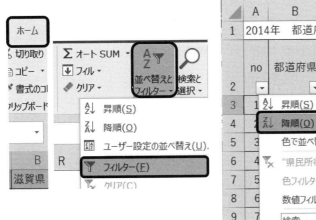

図 2.16　オートフィルターの設定 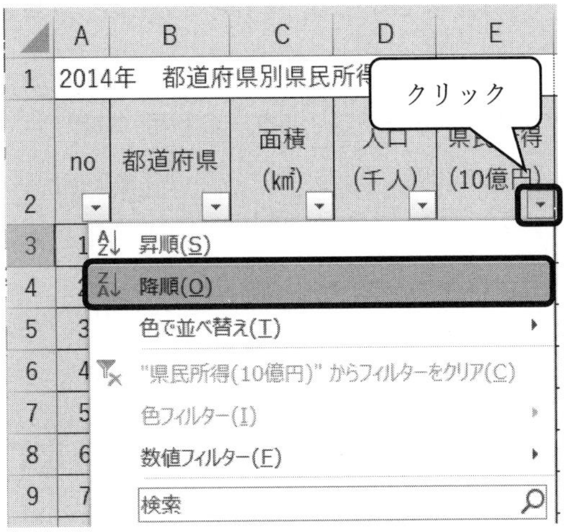　　　　図 2.17　降順に並べ替え

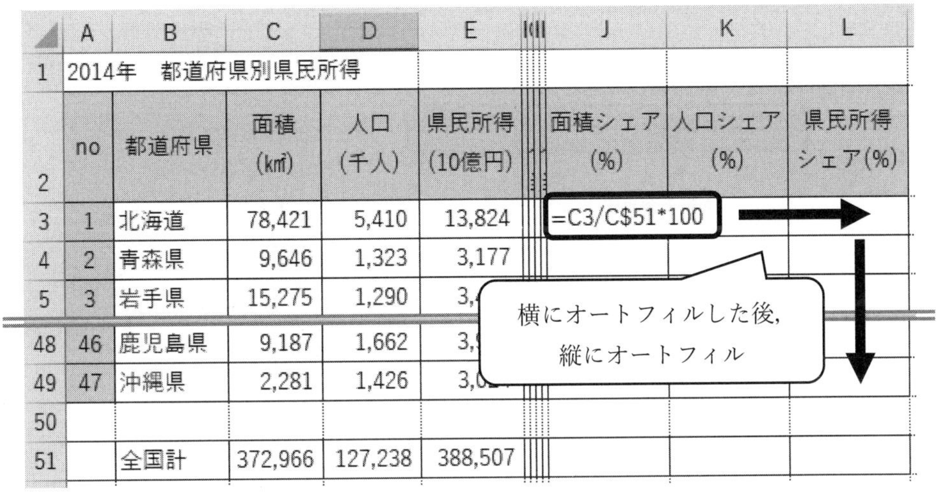

	A	B	都道府県	C 面積 (k㎡)	D 人口 (千人)	E 県民所得 (10億円)	J 面積シェア (%)	K 人口シェア (%)	L 県民所得 シェア(%)
1	2014年　都道府県別県民所得								
2		no	都道府県	面積 (k㎡)	人口 (千人)	県民所得 (10億円)	面積シェア (%)	人口シェア (%)	県民所得 シェア(%)
3	1	北海道	78,421	5,410	13,824	=C3/C$51*100		
4	2	青森県	9,646	1,323	3,177			
5	3	岩手県	15,275	1,290	3,			
48	46	鹿児島県	9,187	1,662	3,			
49	47	沖縄県	2,281	1,426	3,			
50									
51		全国計	372,966	127,238	388,507			

横にオートフィルした後，縦にオートフィル

図 2.18　シェアの計算

47

操作 2.14　全体に占める割合（シェア）の計算　— 例題 2.3 (3)

① J3 セルに，[=C3/C$51*100]と入力し，横方向のオートフィルで L3 セルまで計算する。
このまま縦方向のオートフィルで L49 まで計算する（図 2.18）。分母を複合参照にしているため，横方向のオートフィルでは参照セルが C 列から E 列まで移動するが，縦方向のオートフィルでは常に 51 行目に固定されている。

② J51 から L51 まで，それぞれの列の合計値を算出し 100 になることを確認する。

操作 2.15　オートフィルターの利用（抽出）　— 例題 2.3 (4)

① 人口 1000（千人）以下の都道府県を抽出するために，操作 2.11①と同様にオートフィルターを有効にし，人口のプルダウンボタンをクリックし，[数値フィルター]−[指定の値以下]をクリックする（図 2.19）。

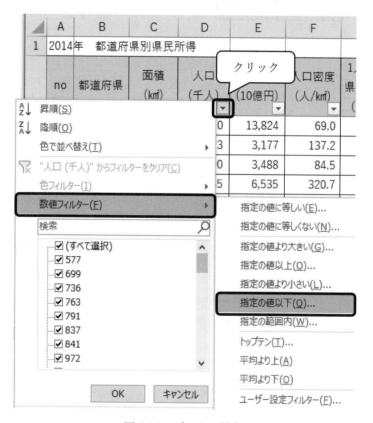

図 2.19　データの抽出

② ［オートフィルターオプション］ウィンドウで［抽出条件の指定］の上方欄に［1000］と入力し，OK をクリックする（図 2.20）。人口 1000（千人）以下の都道府県のみが抽出され，他の都道府県は表示されない状態になる。抽出されているとき，項目名の右下の▼ボタンは 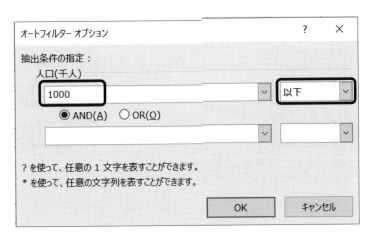 の表示となり，行番号は青字で表示される（図 2.21）。

③ 抽出の解除の際には，同様の項目のプルダウンボタンをクリックし［"人口（千人）"からフィルターをクリア］をクリックする（図 2.22）。

図 2.20　抽出条件の指定

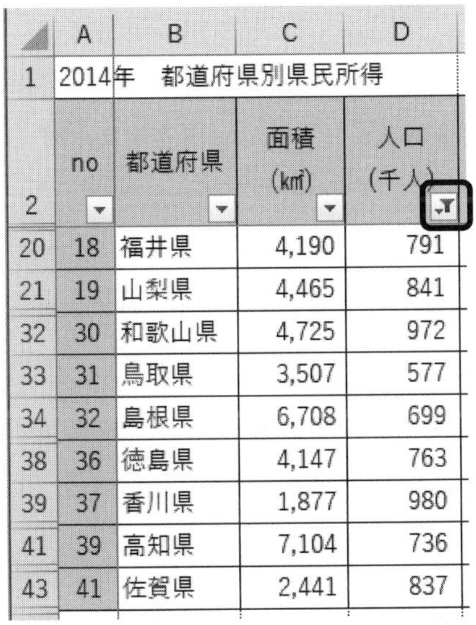

図 2.21　抽出結果

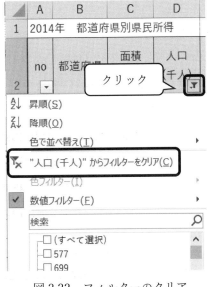

図 2.22　フィルターのクリア

④　人口シェア 2%台の都道府県を抽出するために，②の操作と同様に，人口シェアのプル
　ダウンボタンをクリックし，[数値フィルター]–[指定の範囲内]をクリックし，[オートフ
　ィルターオプション]ウィンドウを表示する。[抽出条件の指定]の上方欄に[2]と入力，下
　方欄に[3]と入力し，下方欄の右側のプルダウンで[より小さい]を選択し，OK をクリッ
　クする（図 2.23）。抽出結果から，茨城県，静岡県，京都府，広島県が得られる。

⑤　抽出を終えたら，③と同様に，必ず抽出の解除をする。

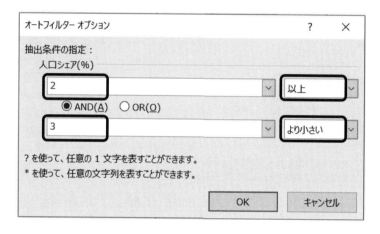

図 2.23　抽出条件の指定

【練習問題 2.2】

　2014 年の都道府県別の「耕地面積（km²）」，「農業就業人口（千人）」，「農業産出額（10 億
円）」および「六次産業販売額（百万円）」[5]を用いて，以下の設問に答えなさい（データの
出典は付録 2.2）。

（1）耕地面積，農業就業人口，農業産出額，六次産業販売額の合計値をそれぞれ求めなさ
　い。また，農業就業人口 1 人当たり農業産出額（万円/人）および土地生産性（万円/km²）
　を求めなさい。ただし，土地生産性は耕地面積 1 km²当たりの農業産出額を意味している。

（2）農業就業人口 1 人当たり農業産出額について，大きい値から小さい値（降順）に並べ

---

[5] 六次産業とは，農林漁業（一次産業）が，製造業（二次産業）や小売業等（三次産業）と一体化した活
動を行い，新たな付加価値を生み出す取組みなどのことをいう（農林水産業 Web ページ参照）。

変えたときの順位を示しなさい。また，土地生産性について，大きい値から小さい値（降順）に並べ替えたときの順位を示しなさい。

(3) 各都道府県に関する農業就業人口のシェア，農業産出額のシェア，六次産業販売額のシェアをそれぞれ求めなさい（単位:%）。ただし，K3 セルに計算式を入力したのち，M49 セルまでオートフィルで計算するものとする。

(4)「農業就業人口 1 人当たり農業産出額 500（万円）以上」の都道府県を示しなさい。また，「六次産業販売額 30000（百万円）台」の都道府県を示しなさい。なお，抽出した都道府県は，別のシートに解答として示すこと。

	A	B	C	D	E	F	G	H
1	2014年　都道府県別農業産出額							
2	no	都道府県	耕地面積（km²）	農業就業人口（千人）	農業産出額（10億円）	六次産業販売額(百万円)	農業就業人口1人当たり農業産出額（万円）	土地生産性（万円/km²）
3	1	北海道	11,480	96.6	1,111	139,823		
4	2	青森県	1,548	64.7	288	24,011		
5	3	岩手県	1,515	70.4	235	24,028		

	I	J	K	L	M
1					
2	農業就業人口1人当たり農業産出額（順位）	土地生産性(順位)	農業就業人口シェア(%)	農業産出額シェア(%)	六次産業販売額シェア(%)
3					
4					
5					

図 2.24　練習問題 2.2 のデータの配列（一部抜粋）

【発展問題 2】

1990 年から 1999 年までの「名目 GDP（兆円）」および「GDP デフレータ」を用いて，以下の設問に答えなさい（データの出典は付録 2.3）。

(1) 実質 GDP（兆円）を求めなさい。また，実質 GDP の対前期比（当該年の GDP/前年の GDP）を求めなさい。

(2) 操作 2.5 と同様に，実質 GDP の年平均変化率を求めなさい。

（3）対前期比の幾何平均 G を求めたうえで，この幾何平均を用いて年平均変化率を求め，
（2）の結果と一致することを確認しなさい。

	A	B	C	D
1	国民経済計算（2000年基準）			
2	i年後	年	名目GDP（兆円）	GDPデフレータ
3	0	1990	442.8	96.8
4	1	1991	469.4	99.8
5	2	1992	480.8	101.5
6	3	1993	483.7	102.1

図 2.25　発展問題 2 のデータの配列（一部抜粋）

=== **発展問題 2 の解説** ===

　年平均変化率の計算の際には，比率などの平均値の算出に多用される**幾何平均**を利用することもできる。z_t（t=1,…,n）を比率などの指数としたとき，幾何平均 G は（2.14）式で求められる。

$$G = \sqrt[n]{z_1 z_2 \cdots z_n} \qquad (2.14)$$

幾何平均を Excel で算出する際には，[=GEOMEAN(データ範囲)]と入力する。本問題では，1991 年から 1999 までのすべての対前期比（t 期の値/t-1 期の値）をデータ範囲として幾何平均 G を求めたうえで，[=(G-1)*100]を計算すれば，年平均変化率が求まる。

　なお，$z_t = x_t / x_{t-1}$（t=2,…10）として，（2.14）式に代入すると，

$$G = \sqrt[9]{\frac{x_2}{x_1} \cdot \frac{x_3}{x_2} \cdots \frac{x_{10}}{x_9}} = \sqrt[9]{\frac{x_{10}}{x_1}} = \left(\frac{x_{10}}{x_1}\right)^{\frac{1}{9}} \qquad (2.15)$$

となり，（G-1）の計算式は，理論的にも年平均変化率の計算式（2.9）式と一致することがわかる。

第3章　寄与度分析

本章では，寄与度分析について取り上げる。寄与度分析とは，たとえば，ある変量（ここでは変化し得る量として考える）についてある年から別の年までの変化率を計算し，その変化量の詳しい内訳の貢献度をみる分析方法の一つである。

この変量の事例は様々なものがあるが，たとえば，生産期間内（1年間，3ヵ月間など）に企業および自営業者等によって生産された財・サービスの総額である総生産などが挙げられる。この場合の内訳の例として，総生産された各種財・サービスの需要の項目（中間需要，最終需要等）を挙げることができる[6]。

このような変量の変化率に対する内訳の貢献度をみる寄与度分析では，その変量の内訳が「和」の形式で表されるか，「積」の形式で表されるかによって，それぞれ計算の方法が異なる。本章では，まず3.1節で寄与度分析によく用いられる国民経済計算の概要を説明し，和の形式で表される関係式に対する要因分解の方法を解説する。次に，3.2節では積の形式で表される関係式に対する要因分解の方法を説明する。なお，本章では，名目値ではなく実質値の産出量（国内総生産など）を用いている。

3.1　要因分解（和の形式で表される関係式の場合）

（1）国民経済計算の概要

国民経済計算とは，一国全体の生産活動と消費活動を捉えるための特定の記録方法に基づいた「記録」である。そもそも国民経済計算は System of National Accounts（略称：SNA）に対応する和訳である。その範囲や対象は，地理的な範囲でいうとある国，また，居住者でいうとある国に住む人々となる。ここで SNA は「記録」であると表現したが，たとえば，ある1企業の生産活動（仕入れをおこない，機械や原材料を生産の際に使用する意味では

---

[6] 寄与度分析で取り上げる対象は，同一の単位（次元）で合計できるものに限られる。本節の例では金額ということになり，国内総生産であれば，「円」,「ドル」,「元」,「ウォン」,「ユーロ」などのある特定の通貨単位によって，各財・サービスを合計していることになる。そうでなければ，寄与度分析のために途中で必要となる加算等の計算が不可能となる。たとえば，1円プラス1ドルの計算は，ただちには計算不能である（実際には，通貨ごとの為替レートを用いて共通の通貨単位に変換した後に加算可能となる）。

消費も同時に行っていることになる）を把握するための簿記のような記録の仕方と大変似ている。SNA は，戦後，経済学の研究者と国際連合のもとでの会議において，国際的に統一された記録方法として合意・決定され，普及したものである。これにより，異なる国同士での生産活動の水準を比較することや，同じ国での生産活動の発展の度合いを比較することが可能となった。ただし，この国際連合の定めた SNA は，1968 年の SNA（68SNA），1993 年の SNA（93SNA），そして最新の 2008 年の SNA（2008SNA）と記録の範囲や方法が変遷しているので（たとえば，生産物の範囲など），比較の際には留意する必要がある。

　本章で扱う範囲で重要な点は，2 点ある。第一に，SNA でよく登場する生産活動の量を示す指標が，国内総生産である点である。記号 Y で表すことにすると，国内総生産 Y を生産活動の合計額として取り扱うことになる。第二に，国内総生産 Y の内訳区分の方法が多数考えられる点である。よく用いられる区分方法は，支出（消費）に着目するものがあり，また，費用を直接負担している主体，すなわち政府や民間（企業，有産・無産家計）によって区分する方法や，生産拡大に結びつく設備投資（以降，単に投資）とそれ以外の消費活動とに区分する方法，およびそれらの区分を組み合わせた方法がある。

　たとえば，国内総生産 Y は，民間消費 C と民間投資 I，公的支出 G に分けることができる。なお，公的支出は政府消費と公的資本形成（すなわち政府投資）の合計である。そのほかに，海外との関係を考慮に入れる場合は，当該国（たとえば日本）から国外（日本以外）への財・サービスの輸出 EX と，逆に国外（日本以外）から当該国（日本）への財・サービスの輸入 IM をみていく必要がある。財・サービスを生産する活動の水準を示すものを左辺（供給）とし，その用途を右辺（需要）に配置すると(3.1)式のように表すことができる。

$$Y + IM = C + I + G + EX \qquad\qquad (3.1)$$

このような左辺と右辺の分け方になるのは，輸入 IM を国内総生産 Y と同様に財・サービスの生産活動を示す変量として捉えるためである。そのうえで，国内総生産 Y の変量のみに着目した場合，変量の合計値とその内訳は(3.2)式のようにまとめることができる。

$$Y = C + I + G + NX \qquad\qquad (3.2)$$

ただし，$NX = EX - IM$であり，純輸出という。

　このような関係から，国内総生産 Y を高める（または低める）要因として，民間消費，民間投資，公的支出，および純輸出の 4 つの項目があると考えることができる。ただし，厳密

には，SNA での輸入には完成品だけではなく生産のための原材料や部品が含まれるため，輸入の減少が国内総生産を低下させる要因となる場合もあるが，以降では輸入は完成品のみであるとみなし，議論を進める。統計情報を用いれば，いずれの項目が国内総生産の変化に寄与しているかを計測することが可能となる。

(2) 要因分解（和の場合）の考え方

前述(3.2)式のような和の形で表された関係式について，ある合計値に対してその内訳項目がどの程度寄与しているかを測る方法に寄与度分析がある。簡単な例として，合計値の変量を単に総所得Xとし，その内訳を消費Cと投資Iの2つに区分したケースを考える。

$$X = C + I \tag{3.3}$$

表 3.1 には，ある年次 t とその前の年次 t−1 における総所得 X，消費 C，投資 I の数値（仮想）を示している。2 時点間における総所得 X の変化率は，（3.4）式により算出される（変化率の詳細は 2.2 節を参照）。

$$X \text{ の変化率} = \frac{X_t - X_{t-1}}{X_{t-1}} \tag{3.4}$$

なお，右下の添字 t は，暦年（年次）を示している。同様の計算式に，消費 C または投資 I の値を代入すれば，各項目の変化率が算出される。

項目	t−1年次	t年次	変化率（%）	構成比	寄与度（%）	寄与率（%）
総所得X	100	112	12.0	1.0	12.0	100
消費C	40	46	15.0	0.4	6.0	50
投資I	60	66	10.0	0.6	6.0	50

表 3.1　寄与度の考え方（和の形式で表される関係式の場合）

表 3.1 の変化率の計算結果では，t−1 年次から t 年次にかけて総所得 X は 12%，消費 C は 15%，投資 I は 10%上昇したことが示されている。総所得 X を押し上げる要因としては消費 C と投資 I の可能性があるが，投資 I よりも消費 C のほうが変化率の数値が大きいので，消費 C のほうが総所得 X の上昇に対して大きく寄与したと考えることができるだろうか。

そこで以下では，合計値である X の変化率と，その内訳である C の変化率および I の変化率は，どのような関係式を結ぶことになるか考えてみる。まず，t 年次と t−1 年次について，それぞれ和の関係式を示すと以下のように示される。

$$X_t = C_t + I_t \tag{3.5}$$

$$X_{t-1} = C_{t-1} + I_{t-1} \tag{3.6}$$

t 年次の変量から前年の t−1 年次の変量の差をとると，以下のようになる。

$$X_t - X_{t-1} = (C_t - C_{t-1}) + (I_t - I_{t-1}) \tag{3.7}$$

さらに，t−1 年次の変量 X_{t-1} によって両辺を割ると(3.8)式のようになり，左辺には X の変化率が得られている。

$$\frac{X_t - X_{t-1}}{X_{t-1}} = \frac{C_t - C_{t-1}}{X_{t-1}} + \frac{I_t - I_{t-1}}{X_{t-1}} \tag{3.8}$$

次いで，右辺について，同じ性質を保持しながら，変量 C と変量 I の変化率を明示的に示す式へと変換する。右辺第一項に対して分子と分母とに C_{t-1} をかけて，右辺第二項については，同様に分母と分子に I_{t-1} を掛ければ，(3.9)式が得られる。

$$\frac{X_t - X_{t-1}}{X_{t-1}} = \frac{C_{t-1}}{X_{t-1}} \cdot \frac{(C_t - C_{t-1})}{C_{t-1}} + \frac{I_{t-1}}{X_{t-1}} \cdot \frac{(I_t - I_{t-1})}{I_{t-1}} \tag{3.9}$$

右辺は，内訳の項目の変化率 $(C_t - C_{t-1})/C_{t-1}$ と $(I_t - I_{t-1})/I_{t-1}$，および構成比 C_{t-1}/X_{t-1}，I_{t-1}/X_{t-1} とで構成されている。なお，構成比（加重値）は，内訳の値をそれらの合計値 X_t で除した値として算出されるものである。内訳項目の変化率が大きい場合でも，その構成比（シェア）が小さい場合には，合計値に対する寄与度は他の内訳の項目に比して小さい可能性もある。(3.9)式によれば，変化率と構成比の両側面から合計値への寄与を評価することが可能となる。これが寄与度分析と言われるゆえんである。

ある変量の内訳項目が和の形式で示されている場合の寄与度分析では，(3.9)式の右辺の各項目の値を寄与度として用いることができる。ただし，(3.8)式の各項目のほうが計算量が少ないので，実際の**寄与度（和の場合）**の計算には(3.10)式が用いられることがある。なお，寄与度はこの式に×100 をしてパーセントで表示する。

$$\text{合計値 X の変化率 に対する C の寄与度} = \frac{C_t - C_{t-1}}{X_{t-1}} \qquad (3.10)$$

表 3.1 の数値例では，寄与度分析の結果，X の変化率 12% に対する C の寄与度は 6%，X の変化率に対する I の寄与度は 6% となっている。内訳項目 C の変化率は 15% であり，I の変化率 10% よりも大きいが，構成比は C が 0.4 であり，I の 0.6 より小さいために，結果として，X の変化率に対する C の寄与度は，I の寄与度と同じ値になっている。

$$\frac{X_t - X_{t-1}}{X_{t-1}} = \underset{\text{12\%上昇}}{\underbrace{\overset{0.4}{\overbrace{\frac{C_{t-1}}{X_{t-1}}}} \cdot \overset{\text{15\%上昇}}{\overbrace{\frac{(C_t - C_{t-1})}{C_{t-1}}}}}_{\text{6\%の寄与}}} + \underset{\text{6\%の寄与}}{\underbrace{\overset{0.6}{\overbrace{\frac{I_{t-1}}{X_{t-1}}}} \cdot \overset{\text{10\%上昇}}{\overbrace{\frac{(I_t - I_{t-1})}{I_{t-1}}}}}} \qquad (3.9)\text{既出}$$

表 3.1 の結果では，以下のような結論を得た。

$$\text{X の変化率に対する C の寄与度 ＝ X の変化率に対する I の寄与度}$$

そこで，このような関係を別の表現で表すことができないだろうか。よく用いられる指標として，X の変化率の大小にかかわらず，C と I の寄与度のどちらが大きいかを明示的に示す指標として，**寄与率**が挙げられる。寄与率は，合計値 X の変化率に占める C の寄与度の割合をみるものである。

$$C \text{ の寄与率} = \frac{\frac{C_t - C_{t-1}}{X_{t-1}}}{\frac{X_t - X_{t-1}}{X_{t-1}}} = \frac{C \text{ の寄与度}}{X \text{ の変化率}} \qquad (3.11)$$

寄与率についても，この式に ×100 をしてパーセントで表示する。

【例題 3.1】

2014 年度と 2015 年度の「県内総生産（10 億円）」のデータを用いて，以下の設問に答えなさい（データの出典は付録 3.1）。なお，県内総生産 Y の内訳項目は，民間消費 C，民間投資 I，公的支出 G（政府消費＋公的資本形成），その他 K（在庫増，県外からの移出入や開差など）の和の形式で構成されるものとする。小数の表示桁数は図 3.1 を参考にすること。

（1）関東の内訳項目について，それぞれ 2014 年度から 2015 年度までの変化率（%）を求

めなさい。また，2014年度の内訳の構成比を求め，構成比の合計は1になることを確認しなさい。

(2) 関東の内訳項目について，寄与度を求めなさい（%表示）。さらに，寄与度の合計は国内総生産の変化率と一致することを確認しなさい。

(3) 関東の内訳項目について，寄与率を求めなさい（%表示）。さらに，寄与率の合計は100となることを確認しなさい。

(4) 近畿のデータについて，(1) から (3) と同様の作業を行いなさい。

(5) 関東および近畿について，内訳項目の寄与度を棒グラフ（積み上げ縦棒）で示しなさい。ただし，白黒印刷でも識別できるように，縦棒の塗りつぶしはパターンを利用すること（図3.2）。

(6) 上記で計算した関東と近畿の寄与度計算表および棒グラフの結果を，Word に貼り付け，以下の条件を満たしたレポートを作成しなさい。なお，レポートでは，地域の違いによる寄与の傾向の違いなどをふまえて，これらの結果から読み取れることを述べること。

[条件] ・先頭行にはタイトル（任意）を入れ，14ポイントにし，中央寄せにする。

・学籍番号と氏名は右寄せにする。

・ページ番号をフッターに入れる。

・表とグラフから読み取れることを文章で示す（箇条書きは不可）。

	A	B	C	D	E	F	G	H
1		関東の寄与度計算表（県内総生産と内訳項目は10億円単位）						
2		項目	2014年度	2015年度	変化率（%）	2014年の構成比	寄与度（%）	寄与率（%）
3		県内総生産Y	214,391	218,642	1.98	1.00	1.98	100.00
4		民間消費C	113,285	114,580	1.14	0.53	0.60	30.46
9		近畿の寄与度計算表（県内総生産と内訳項目は10億円単位）						
10		項目	2014年度	2015年度	変化率（%）	2014年の構成比	寄与度（%）	寄与率（%）
11		県内総生産Y	79,697	80,774	1.35	1.00	1.35	100.00
12		民間消費C	48,931	49,254	0.66	0.61	0.41	29.99

図 3.1　例題 3.1 のデータの配列と計算結果（一部抜粋）

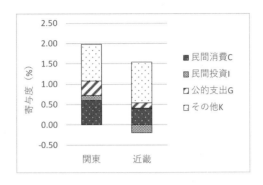

図 3.2　グラフ作成の結果

操作 3.1　変化率と構成比の計算　— 例題 3.1（1）

① 変化率を求めるために，操作 2.4 と同様に，以下のように入力し，最終行までオートフィルでコピーする（図 3.3）。

変化率（E3）:［ =(D3-C3)/C3*100 ］

② 内訳の構成比を求めるために，以下のように入力し，最終行までオートフィルでコピーする。分母は絶対参照にして，参照セルを固定している。

構成比（F4）:［ =C4/$C$3 ］

③ F3 セルに［=SUM(F4:F7)］と入力し，その結果が 1 となることを確認する。その際に，E3 セルの左上部に緑のマークが現れた場合は，F3 セルと計算式が異なることを示しているだけなので問題ない（緑のマークは参考 1.7 を参照）。

	B	C	D	E	F	G	H
1	関東の寄与度計算表（県内総生産と内訳項目は10億円単位）						
2	項目	2014年度	2015年度	変化率（％）	2014年の構成比	寄与度（％）	寄与率（％）
3	県内総生産Y	214,391	218,642	=(D3-C3)/C3*100	=SUM(F4:F7)	=SUM(G4:G7)	=SUM(H4:H7)
4	民間消費C	113,285	114,580		=C4/$C$3	=(D4-C4)/$C$3*100	=G4/$G$3*100
5	民間投資I	31,090	31,345				
6	公的支出G	43,462	44,223				
7	その他K	26,554	28,494				

図 3.3　寄与度と寄与率の計算

操作 3.2　寄与度（和の場合）の計算　— 例題 3.1（2）

① 寄与度を算出するために，以下のように入力し，最終行までオートフィルでコピーする（図 3.3）。分母は絶対参照で，2014 年度の県内総生産 Y に固定している。

　　　　寄与度（G4）：[=(D4-C4)/$C$3*100]

② G3 セルに[=SUM(G4:G7)]と入力し，その結果が E3 セルと一致することを確認する。

操作 3.3　寄与率の計算　— 例題 3.1（3）

① 寄与率を算出するために，以下のように入力し，最終行までオートフィルでコピーする。

　　　　寄与率（H4）：[=G4/$G$3*100]

② H3 セルに[=SUM(H4:H7)]と入力し，その結果が 100 となることを確認する（図 3.3）。

操作 3.4　棒グラフの塗りつぶしの変更　— 例題 3.1（4）および（5）

① 操作 3.1 から 3.3 を参考に，近畿についても寄与度（%）を求める。

② 関東と近畿の寄与度（G4〜G7，G12〜G15）をコピーして[貼り付け（値）]を行うことで，これらの値を整理した表を作成する（図 3.4（a））。

③ ②で作成した表全体をドラッグで選択し，[挿入タブ]−[グラフグループ]−[縦棒（積み上げ縦棒）]をクリックする（図 3.4（b）が得られる）。

	寄与度	関東	近畿
19	民間消費C	0.60	0.41
20	民間投資I	0.12	-0.20
21	公的支出G	0.35	0.14
22	その他K	0.90	1.00

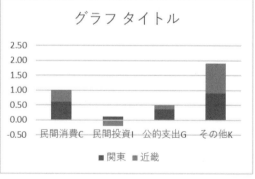

　　（a）寄与度を整理した表　　　　（b）[積み上げ棒グラフ]で得られるグラフ

図 3.4

④　図 3.4 (b) では，横軸が内訳項目となっており系列が地域となっているので，これらを入れ替えるために，図 3.5 のように［グラフツール］–［デザインタブ］–［データグループ］–［行/列の切り替え］をクリックする（図 3.6 が得られる）。凡例の順序は環境によって異なるので，図 3.2 と一致しなくても問題ない。

⑤　グラフエリア内にラベルが入り見難いので，横軸ラベル（関東，近畿）の位置をグラフエリアの外側に移動させる。縦軸上の値のどこでもよいのでダブルクリックし，［軸の書式設定］–［軸のオプション］–［横軸との交点］–［軸の値］にチェックを入れて，「-0.5」に指定するとグラフエリアの外側に横軸ラベルが表示されるようになる。

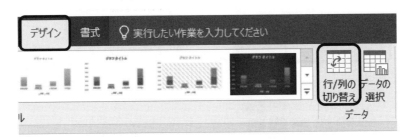

図 3.5　行/列の切り替え

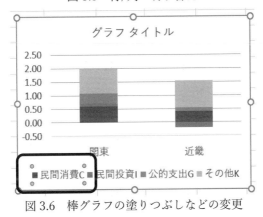

図 3.6　棒グラフの塗りつぶしなどの変更

⑥　図 3.6 のまま白黒印刷を行うと項目の違いが不明瞭なので，棒グラフの塗りつぶしの模様で凡例の違いを表す。まず，変更したい凡例の項目（たとえば民間消費 C）をダブルクリックすると，図 3.6 の民間消費の凡例のように 4 つの丸印で囲まれ，画面の右側に［凡例項目の書式設定］のウィンドウが表示される。

　　次に，図 3.7 (a) のように［凡例項目の書式設定］–［塗りつぶし（パターン）］にチェッ

クを入れ，いずれかのパターン（斜線や横線，網掛けなど）を指定する。さらに，図3.7
（b）のように[塗りつぶし]画面の下方にある[枠線]の[線（単色）]にチェックをいれる
と，積み上げられるグラフの境界に線が入る（既出の図3.2が得られる）。

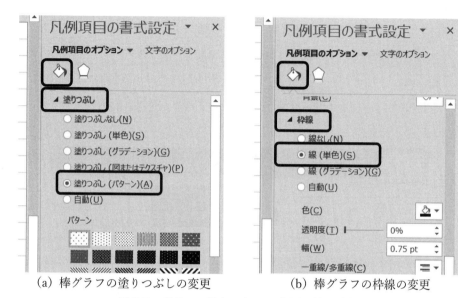

(a) 棒グラフの塗りつぶしの変更　　　(b) 棒グラフの枠線の変更

図3.7　グラフの塗りつぶしの変更と線の追加

操作 3.5　表やグラフの Word への貼付け　—　例題 3.1（6）

① 新規で Word を開き，[名前を付けて保存]からファイルの保存を行う（補論 A の操作
　A.1 を参照）。

② Word 上に，タイトル（中央揃え），学籍番号と氏名（右揃え）を入力し，ページ番号を
　付ける（補論 A の操作 A.6 や A.9 を参照）。

③ Excel の表を Word 上に貼り付けるため，Excel 上の B1 から H15 をドラッグで選択し，
　右クリックなどでコピーする。Word 上で一度クリックし，[ホームタブ]–[貼り付け]か
　ら，[形式を選択して貼り付け]をクリックする（図3.8 (a)）。[形式を選択して貼り付け]
　ウィンドウにある[図（拡張メタファイル）]（または「画像」）をクリックすると，Excel
　上でコピーしたものが図として貼り付けられる。

④ Excel のグラフを Word 上に貼り付けるため，Excel 上のグラフを右クリックでコピー
　し，③と同様に，Word 上に[図（拡張メタファイル）]（または「画像」）で貼り付ける。
　なお，Word への貼り付け方法は複数あるので，〈参考3.1〉を参照のこと。

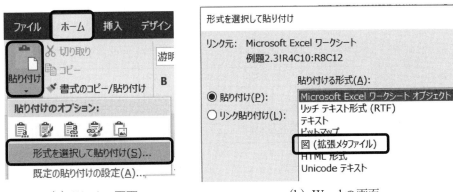

(a) Word の画面　　　　　　　　(b) Word の画面

図 3.8　Excel 表の Word への貼り付け

【練習問題 3.1】

　2005 年から 2012 年までの「国内総生産（10 億円）」のデータを用いて，以下の設問に答えなさい（データの出典は付録 3.2）。なお，国内総生産 Y の内訳項目は，民間消費 C，民間投資 I，公的支出 G（政府消費＋公的資本形成），在庫増 J，純輸出 NE で構成されるものとする。

(1) 2006 年から 2012 年までの Y の変化率（%）を求めなさい。

(2) 2006 年から 2012 年までの内訳項目の寄与度（%）を求めなさい。

(3) 2006 年から 2012 年までの内訳項目の寄与率（%）を求めなさい。

(4) 内訳項目について，2006 年から 2012 年までの寄与度（%）を棒グラフ（積み上げ縦棒）で示しなさい。ただし，白黒印刷でも識別できるように，縦棒の塗りつぶしはパターンを利用すること。

(5) 上記で作成した表と棒グラフを Word に貼り付け，以下の条件を満たしたレポートを作成しなさい。

　　[条件]　・先頭行にはタイトル（任意）を入れ，14 ポイントにし，中央寄せにする。

　　　　　　・学籍番号と氏名は右寄せにする。

　　　　　　・ページ番号をフッターに入れる。

　　　　　　・表とグラフから読み取れることを文章で示す（箇条書きは不可）。

◢	A	B	C	D	E	F	G
1	暦年	国内総生産Y	民間消費C	民間投資I	公的支出G	在庫増J	純輸出NE
2	2005	507,231	292,632	88,999	116,481	712	8,407
3	2006	516,069	294,982	93,147	115,041	495	12,404
4	2007	526,353	298,193	92,834	115,097	1,975	18,254
5	2008	507,026	293,633	86,867	113,223	1,254	12,049

図 3.9　練習問題 3.1 のデータの配列（一部抜粋）

◢	A	B	C	D	E	F	G
11	寄与度計算						
12	暦年	Y変化率（%）	寄与度C	寄与度I	寄与度G	寄与度J	寄与度NE
13	2006						
14	2007						
20							
21	寄与率計算						
22	暦年	寄与率Y	寄与率C	寄与率I	寄与率G	寄与率J	寄与率NE
23	2006						
24	2007						

図 3.10　寄与度と寄与率の計算表

〈参考 3.1〉Excel の出力結果の Word への貼り付け方法

　図 3.8（b）のように，Excel の図や表をコピーして，Word の[形式を選択して貼り付け]から貼り付けを行う場合には，いくつかの形式が選択できる。表 3.2 および表 3.3 には，それぞれグラフと表を貼り付ける際によく用いられる方法を整理してある。状況に応じて，より便利な貼り付け方法を選択しながら，使い慣れていこう。なお，本節の操作 3.5 で[図（拡張メタファイル）]を用いた理由は，貼り付け後でも図表の形式が崩れることなく縮小拡大が容易にでき，また，ファイルを渡した相手等にデータ（分析前のデータソース等）を安易に渡さないようにするためである。

貼り付ける形式	備考
Microsoft Excel グラフオブジェクト	Excel の内容がそのまま貼り付けられるため，Word 上で数値の変更が可能となる。ただし，Excel 内のデータが Word 上に埋め込まれるため，データの流出には注意が必要。
Microsoft Excel グラフィックオブジェクト	Excel のグラフの内容が貼り付けられる。グラフのレイアウトなどは，Word 上でも変更可能。
ビットマップ 図（拡張メタファイル） 図（GIF） 図（PNG） 図（JPEG）	いずれも形式は異なるが，図として貼り付けられるため，Excel 上で作成したレイアウトを崩すことなく拡大縮小が可能となる。また，Excel とリンクされないので，ファイルのやり取りによるデータの流出は避けられる。ただし，Excel で数値の変更などを行った場合，Word 上に貼り付けられた図には反映されないので，再度，コピーして貼り付ける必要がある。

表 3.2　Excel で作成したグラフの Word への貼り付け方法

貼り付ける形式	備考
Microsoft 文書オブジェクト	Excel の内容がそのまま貼り付けられるため，Word 上で表の変更が可能となる。ただし，Excel 内のデータが Word 上に埋め込まれるため，データの流出には注意が必要。
図（拡張メタファイル）	表 3.2 と同様に，図の形式として貼り付けられる。
リッチテキスト形式	Word 上の表形式に変換される。Excel とはリンクされていないが，Word 上で数値の変更は可能。
テキスト形式	表形式ではなくなり，表内の文字だけが貼り付けられる。

表 3.3　Excel で作成した表の Word への貼り付け方法

3.2 要因分解（積の形式で表される関係式の場合）

3.1 節では，ある変量の内訳項目が，和（足し算）の形式で表される関係式について検討してきた。しかしながら，ある変量の内訳をみる際には，和（足し算）ではなく，積（掛け算）で構成されるものも考えられる。たとえば，経済全体の就業者数（労働投入量）L と 1 人当たり労働生産性（$y = Y/L$）との掛け算（積）が，産出物，ここでは国内総生産 Y となるケースである。そこで，本節では，積の形式で表される関係式に関する要因分解について検討していく。

まず，これらの変量を年次別にみるために，添字 t を用いて書き直すと(3.12)式となる。

$$Y_t = y_t L_t \tag{3.12}$$

左辺は t 年次の国内総生産であり，右辺は，同じ年次の 1 人当たり労働生産性と就業者数との積となっている。そこで，ある年次から別の年次までの Y の変化率について，内訳項目 y と L との関係を考えてみよう。まず，ある年次から別の年次までの増加分（または減少分）を示す記号として Δ（デルタ）を用いることにする。たとえば，国内総生産 Y の t-1 年次から t 年次までの増加分（または減少分）を ΔY で表現する。

$$\Delta Y = Y_t - Y_{t-1} \tag{3.13}$$

(3.13)式は，$Y_t = Y_{t-1} + \Delta Y$ と変形でき，同様に，y_t や L_t も，$y_t = y_{t-1} + \Delta y$，$L_t = L_{t-1} + \Delta L$ として表現できる。次に，これらを(3.12)式に代入すれば，(3.14)式が得られる。

$$Y_{t-1} + \Delta Y = (y_{t-1} + \Delta y)(L_{t-1} + \Delta L) \tag{3.14}$$

この式の右辺について展開し整理すると(3.15)式のように変形できる。

$$Y_{t-1} + \Delta Y = y_{t-1}L_{t-1} + y_{t-1}\Delta L + \Delta y L_{t-1} + \Delta y \Delta L \tag{3.15}$$

両辺について $Y_{t-1} = y_{t-1}L_{t-1}$ を用いて割ると（3.16）式のようになり，これを整理すると(3.17)式が得られる。

$$\frac{Y_{t-1} + \Delta Y}{Y_{t-1}} = \frac{y_{t-1}L_{t-1}}{y_{t-1}L_{t-1}} + \frac{y_{t-1}\Delta L}{y_{t-1}L_{t-1}} + \frac{\Delta y L_{t-1}}{y_{t-1}L_{t-1}} + \frac{\Delta y \Delta L}{y_{t-1}L_{t-1}} \tag{3.16}$$

$$\frac{\Delta Y}{Y_{t-1}} = \frac{\Delta L}{L_{t-1}} + \frac{\Delta y}{y_{t-1}} + \frac{\Delta y}{y_{t-1}}\frac{\Delta L}{L_{t-1}} \tag{3.17}$$

(3.17)式が積の形式で示される関係式について，各項目の寄与度を求めるための式となる。Δの表示を元に戻せば，寄与度は以下の式により求められる。

$$\frac{Y_t - Y_{t-1}}{Y_{t-1}} = \frac{L_t - L_{t-1}}{L_{t-1}} + \frac{y_t - y_{t-1}}{y_{t-1}} + \frac{L_t - L_{t-1}}{L_{t-1}} \times \frac{y_t - y_{t-1}}{y_{t-1}} \tag{3.18}$$

　　Yの変化率　　Lの寄与度　　yの寄与度　　　　Lとyの交絡項

左辺は，国内総生産Yの変化率を示している。また，右辺は，就業者数Lの変化率と1人当たり労働生産性（y=Y/L）の変化率，そしてその両者を掛けたもの（**交絡項**と呼ぶ）で構成されている。この結果から，積の形式で表される関係式に対する**寄与度（積の場合）**は，各項目の変化率を求めればよいことがわかる。

　表3.4には，2015年度から2016年度までの数値を用いた結果が示されている（例題3.2で作成）。国内総生産Yの変化率はこの期間で0.938%上昇したが，この上昇分に対して，就業者数（労働投入量）が1%プラスに寄与し，1人当たり労働生産性は0.061%マイナスに寄与している。最後の交絡項は，2つの変化率をかけたものなので，ごくわずかな変化を示す場合が多く，通常は無視してもよいケースが多い。たとえば，Lの寄与度が1%であり，yの寄与度が-0.061%の場合では，それらの交絡項は 0.01×(-0.00061)×100＝ -0.00061 となる。つまり，もともとのYの変化（0.938%）からみれば，交絡項は-0.00061%となり小さいものとして評価できる。なお，検算の欄には，Lの寄与度，Y/L（y）の寄与度，および交絡項の合計値が算出されており，Yの変化率の値と一致していることから，(3.18)式の成立が確認できる。

年度	国内総生産Y（10億円）	就業者数L（万人）	1人当たり労働生産性Y/L（万円）	Y変化率（%）	L寄与度（%）	Y/L寄与度（%）	交絡項（%）	検算
2015	517,601	6401	808.625					
2016	522,457	6465	808.131	0.938	1.000	-0.061	-0.00061	0.938

表3.4　国内総生産の変化率の要因分解（積の形式で表される関係式の場合）

【例題 3.2】

2015 年度と 2016 年度の「国内総生産（10 億円）」および「就業者数（万人）」[7]が図 3.11 のように与えられている。これらの数値をもとに，以下の設問に答えなさい（結果として既出の表 3.4 が得られる）。なお，国内総生産 Y は，就業者数 L と1 人当たり労働生産性 Y/L の積の形式で構成されるものとする。

	年度	国内総生産Y （10億円）	就業者数L （万人）
3	2015	517,601	6401
4	2016	522,457	6465

図 3.11　例題 3.2 のデータの配列

(1) 1 人当たり労働生産性を計算しなさい。

(2) 2016 年度の国内総生産の変化率（%），また，就業者数の寄与度（%）と 1 人当たり労働生産性の寄与度（%）をそれぞれ求めなさい。

(3) (2) で求めた就業者数の寄与度と 1 人当たり労働生産性の寄与度の交絡項（%）を計算しなさい。また，各項目の寄与度と交絡項の合計値が，国内総生産の変化率と一致することを確認しなさい。

操作 3.6　寄与度（積の場合）の計算　— 例題 3.2 (1) から (3)

① 1 人当たり労働生産性を算出するために，以下のように入力し，オートフィルで下にコピーする（図 3.12）。単位の調整に注意すること。

1 人当たり労働生産性（E3）：[=(C3*100000)/(D3*10000)]

② 変化率を算出するために，F4 セルに[=(C4-C3)/C3*100]と入力し（図 3.13），右方向に H4 セルまでオートフィルでコピーする。得られた就業者数と 1 人当たり労働生産性の変化率の計算結果が寄与度（%）を示している。

③ 交絡項を算出するために，I4 セルに以下のように入力する。G4 セルおよび H4 セルともに，掛ける 100 をしてパーセント表示しているため，交絡項の計算では，それぞれ 100 で割った値を用いて積を求め，最後に×100 をしてパーセント表示にする必要がある。

---

[7] データの出所：内閣府 Web サイト，「国内総生産（支出側、実質：連鎖方式）」
（http://www.esri.cao.go.jp/jp/sna/data/data_list/kakuhou/files/h28/h28_kaku_top.html），および総務省統計局 Web サイト，「労働力調査」長期時系列データ【年平均結果−全国】
（http://www.stat.go.jp/data/roudou/longtime/03roudou.html）

68

交絡項（I4）　：[=(G4/100)*(H4/100)*100]

④　J4 セルに，寄与度と交絡項の合計[=SUM(G4:I4)]を計算し，この値が国内総生産の変化率の F4 セルの値と一致していることを確認する。

◢	A	B	C	D	E
1					
2		年度	国内総生産Y （10億円）	就業者数L （万人）	1人当たり労働生産性Y/L （万円）
3		2015	517,601	6401	=(C3*100000)/(D3*10000)
4		2016	522,457	6465	=(C4*100000)/(D4*10000)

図 3.12　1人当たり労働生産性の計算

◢	B	C	E	F	G	H	I	J
1								
2	年度			Y変化率（%）	L寄与度 （%）	Y/L寄与 度（%）	交絡項（%）	検算
3	2015							
4	2016			=(C4-C3)/C3*100			=(G4/100)*(H4/100)*100	=SUM(G4:I4)

図 3.13　変化率，寄与度，交絡項の計算

【練習問題 3.2】

　2005 年から 2012 年までの「国内総生産（10 億円）」および「就業者数（万人）」のデータを用いて，以下の設問に答えなさい（データの出典は付録 3.2）。なお，国内総生産 Y は，就業者数 L と 1 人当たり労働生産性 Y/L の積の形式で構成されるものとする。

◢	A	B	C	D	E
1					
2		年度	国内総生産Y （10億円）	就業者数L （万人）	1人当たり労 働生産性Y/L （万円）
3		2005	507,231	6356	
4		2006	516,069	6389	
5		2007	526,353	6427	
6		2008	507,026	6409	

図 3.14　練習問題 3.2 のデータの配列（一部抜粋）

(1) 2005 年から 2012 年までの 1 人当たり労働生産性を算出しなさい。

(2) 2006 年から 2012 年までの国内総生産の変化率（%），および就業者数の寄与度（%）と 1 人当たり労働生産性の寄与度（%）をそれぞれ求めなさい。

(3) (2) で求めた就業者の寄与度と 1 人当たり労働生産性の寄与度の交絡項（%）を計算

しなさい。また，各項目の寄与度と交絡項の合計値が，国内総生産の変化率と一致することを確認しなさい。

(4) 2006年から2012年までの国内総生産に対する寄与度を棒グラフ（積み上げ縦棒）で示し，図から読み取れることを述べなさい。

〈参考3.2〉Excel の出力結果の印刷方法

　Excel の出力結果をプリントアウトする場合，印刷範囲の設定をせずに印刷をすると，不必要な図表まで印刷されてしまうので，必ず以下のような手順で進めるようにしよう。

操作3.7　Excel の出力結果の印刷方法

① 　図や表などの印刷したい範囲をドラッグで範囲指定する。

② 　[ページレイアウトタブ]−[ページ設定グループ]−[印刷範囲]−[印刷範囲の設定]をクリックすると，シート内の印刷したい範囲が選択される。

③ 　[ファイルタブ]−[印刷]をクリックし，用紙サイズなどを設定してから印刷を行う。

図 3.15　印刷範囲の設定

〈参考3.3〉国内総生産の分析の重要性

　通常，国内総生産（実質 GDP）や国内総支出の成長率の分析は，経済学部ではマクロ経済学でも学習する内容であり，さらに多くの応用分野で用いられている手法である。加えて，今回，学習した実質国内総生産（実質 GDP）や国内総支出の成長率やその寄与度に関する分析方法は，日本政府が毎年公表する分析文書である各種「白書」などで実際に用いられて

いる。以下は令和元年の年次経済財政報告（内閣府）の URL である。

https://www5.cao.go.jp/j-j/wp/wp-je19/h01-01.html#kaisetsu01

　日本政府の機関である内閣府がまとめた 2019 年度の「経済白書」の場合，「第 1 章 日本経済の現状と課題」という箇所で例にみることができる。教科書の内容をさらに応用的に用いた内容だが，各自，独自に勉強してほしい。

【発展問題 3.1】

　経済産業研究所が作成している「JIP データベース 2015」からデータをダウンロードし，以下の問いに答えなさい。なお，産業活動部門の 108 部門の中から，2000 年から 2012 年までの自動車部門について用いること。

(1) ダウンロードしたデータを整理し，国内総生産（単位:100 万円）を計算しなさい。国内総生産の計算には，ダウンロードしたファイル内の「201 政府消費（実質）」から「208. 輸入（実質）」までの 8 つのシートの数値を整理し，合計することで得られる。

(2) 得られた国内総生産（100 万円）を，棒グラフで示し，その推移を確認しなさい。

(3) 国内総生産とその内訳の関係式を以下のように示すことにする。この関係式に基づいて寄与度を求め，積み上げ棒グラフで示しなさい。

　　　　国内総生産 Y=家計消費 C+民間固定資本形成 I

　　　　　　　　　　+公的支出 G（政府消費＋公的固定資本形成）

　　　　　　　　　　+純輸出 E（輸出－輸入）+その他 K（非営利消費+在庫純増）

(4) 上記の結果をレポートとしてまとめなさい。

■ JIP データベース 2015 からのデータの取得方法

・財団法人経済産業研究所 Web サイト（https://www.rieti.go.jp/jp/database/jip.html）にアクセス

　　⇒ [JIP データベース 2015]をクリック

　　　- [データ・ダウンロード]をクリック

　　　-この画面内にある以下の 3 つの項目をダウンロードする

　　　① [1.産業連関表]内の[7) 部門別項目別最終需要（実質）（名目）]

=== 発展問題 3.1 の解説 ===

　国内総生産は，当然，各産業部門によってそれぞれ成長の傾向が異なり，また，その内訳の寄与の程度も異なっている。本問では，自動車部門を取り上げたが，経済成長の拡大または縮小に純輸出が大きな役割を果たしていることが確認できる。JIP データベースには，1970 年代から，108 部門に関する国内総生産の推計値が掲載されている。各自の関心に沿って，各部門の成長の程度と，成長に寄与をした内訳項目が何であったか，またその背景にはどのような経済・社会的変化があったのかなどを調べてみよう。

【発展問題 3.2】

　経済産業研究所が作成している「JIP データベース 2015」からデータをダウンロードし，以下の問いに答えなさい。なお，産業活動部門の 108 部門の中から，通信機器部門について用いること。

(1) ダウンロードしたデータから，1973 年から 2012 年までの「国内総生産（100 万円）」，「従業者数（人）」，「1 人当たり年間総実労働時間（時間/人）」，および「労働生産性（万円）」を，以下の方法で作成しなさい。

　　国内総生産は，以下の[JIP データベース 2015 からのデータの取得方法]の①でダウンロードしたファイル内の，通信機器部門に関する行について，「201 政府消費（実質）」から「208.輸入（実質）」までの 8 つのシートの数値を合計することで算出する。「従業者数（人）」は，②で得られた通信機器に関する行を用いる。「1 人当たり年間総実労働時間（千時間/人）」は，②と③で得られた通信機器に関する行を用いて③÷②により計算する。「労働生産性（万円）」は①を③×②で割り，単位を万円に調整することで得られる。

(2) 1973 年から 2012 年にかけての通信機器の国内総生産を，棒グラフで示し，その推移を確認しなさい。

(3) 国内総生産 Y とその内訳である従業者数 N，1 人当たり年間総実労働時間 H，労働生産性 y との関係式を以下のように示すことにする。

$$Y = N \times H \times y \tag{3.19}$$

　ただし，本問では労働生産性 y を以下のように定義している。

$$y = \frac{Y}{N \times H} \qquad\qquad (3.20)$$

このとき，1974 年から 2012 年の各年において，国内総生産の変化率，および各内訳項目の寄与度（%）と寄与率（%）を求めなさい．また，寄与度を棒グラフ（積み上げ縦棒）で示しなさい．

(4) 1987 年から 1991 年にかけて（バブル崩壊前の 4 か年）の国内総生産 Y，その内訳項目である従業者数 N，1 人当たり年間総実労働時間 H，労働生産性 y の年平均変化率（%）を求めなさい．

(5) 1991 年から 2001 年にかけて（バブル崩壊後の 10 か年）の国内総生産 Y，その内訳項目である従業者数 N，1 人当たり年間総実労働時間 H，労働生産性 y の年平均変化率（%）を求めなさい．

(6) 上記の結果をレポートとしてまとめなさい．

■ JIP データベース 2015 からのデータの取得方法

・財団法人経済産業研究所 Web サイト（https://www.rieti.go.jp/jp/database/jip.html）にアクセス

 ⇒ [JIP データベース 2015]をクリック

  - [データ・ダウンロード]をクリック

  -この画面内にある以下の 3 つの項目をダウンロードする

  ① [1.産業連関表]内の[7）部門別項目別最終需要（実質）（名目）]

  ② [3.労働]内の[7）部門別従業者数（人）]

  ③ [3.労働]内の[8）部門別マンアワー（従業者数×従業者一人あたり年間総実労働時間÷1000）]

=== 発展問題 3.2 の解説 ===

 練習問題 3.2 では，内訳が 2 種類の積の要因別寄与度を検討したが，本問では，内訳が 3 種類の積の要因別寄与度を検討している．また，第 2 章で学習した年平均変化率という概念を用いて，各年ではなく複数年にわたる変化率の寄与を取り上げている．

まず，国内総生産の変化の内訳や要因を 2 つから 3 つに増やしたことで，より多くの情報を得ることができる。今回のケース（発展問題 3.2 の設問（3）以降）では，国内総生産の年平均変化率は，1987 年から 1991 年にかけて約 12%であり，この変化は，その多くが労働生産性の年平均変化率 7.2%と従業者数の年平均変化率 5.6%で説明することができ，1 人当たり総年間実労働時間の寄与（－1.03%）は比較的小さいものであることが確認できる。このように，3 つの要因に増えたことで，労働投入量（従業者数×1 人当たり総年間実労働時間）のうちの従業者数の増大と 1 人当たり総年間実労働時間の減少という対照的な動きも明らかにできる。

　次に，年平均変化率の結果として，バブル崩壊前の 4 ヶ年の国民総生産の年平均変化率は 12%，バブル崩壊後の 10 ヶ年では 3.5%と算出されており，バブル崩壊前のほうが大きな変化率であることが確認できる。このように複数年にわたる変化の様子は，各年の変化率を単に比較するだけでは明らかにすることはできないため，年平均変化率を用いるべきである。

　さらに，これらは石油製品や医薬品などのその他の部門別の寄与の相違なども考えられる。併せて，1 人当たり総年間実労働時間の減少については，雇用形態別の 1 人当たり就業時間の相違（いわゆる正規雇用者数の減少と非正規雇用者数の増大による影響）が存在することがいわれている。これらについても，各自でデータを集めて分析を進めてみよう。

第4章　基本統計量

　本章においては，実験・調査などに基づいて集められたデータを図・表などの見やすい形に整理する方法を学ぶ。実験・調査などで集められた量的データは数字の羅列であり，そこから情報を読み取るためには整理が必要となる。本章では記述統計手法で，分析対象となる観測されたデータ（標本）を要約し，図・表への集計を行ことで，データの特性を把握する。母集団全体（観測すべきすべてのデータ）の特性に関する推測を行う推測統計手法は取り扱わない。

4.1　1変量データの特徴を捉える

　データを分かりやすい形にするには，度数分布表に整理し，ヒストグラムを描くという手法がよく用いられる。また，記述統計の代表値として平均（算術平均），中央値（メディアン），および最頻値（モード），散らばりの度合いには分散，標準偏差が多用される。本節では，これらの考え方および Excel による計算方法を学習する。

(1) 度数分布表とヒストグラム
　度数分布表は，量的データの分布の特徴を捉えるために，階級区分別にデータの個数を数えあげ，整理した表である。たとえば，図 4.1 (a) には，都道府県別の「1 人当たり県民所得（千円/人）」の度数分布表を示している（例題 4.1 で作成）。

　度数の欄には，各階級に含まれる都道府県の数が示されており，1 人当たり県民所得が 2501〜3000（千円）である都道府県が 23 と最も多いことがわかる。**累積度数**は，第 1 階級から当該階級まで度数を累積した値であり，1 人当たり県民所得が 3000（千円）以下の都道府県は，36 都道府県あることが示されている。

　相対度数は，データの総数に占める各階級の度数の割合を表したものであり，その合計値は必ず 1 となる。**累積相対度数**は相対度数を，第 1 階級から該当の階級まで累積したものである。

　度数や相対度数を棒グラフで示したものが**ヒストグラム**と呼ばれる。このようにすることで，データの分布状況を視覚的に捉えることができる（図 4.1 (b)）。

階級	範囲	度数	累積度数	相対度数	累積相対度数
1	2001～2500	13	13	0.28	0.28
2	2501～3000	23	36	0.49	0.77
3	3001～3500	10	46	0.21	0.98
4	3501～4000	0	46	0.00	0.98
5	4001～4500	1	47	0.02	1.00
合計		47		1.00	

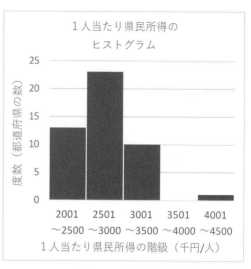

（a）度数分布表　　　　　　　　　　（b）ヒストグラム

図 4.1　一人当たり県民所得の度数分布とヒストグラム

（2）代表値

　一般に代表値には，算術平均，中央値，最頻値が挙げられる。まず，**算術平均** $\bar{x}$ は，「平均値」ともよばれ，x_i を i 番目（$i = 1, \ldots, n$）のデータとすれば，以下の式により算出される。ただし，$\sum_{i=1}^{n} x_i$ は x_1 から x_n までの合計値を意味している。

$$\bar{x} = \frac{\sum_{i=1}^{n} x_i}{n} \tag{4.1}$$

　たとえば，{2, 7, 3, 11, 7}というデータ系列が得られたとき，算術平均は以下のように算出される。

$$\bar{x} = \frac{2 + 7 + 3 + 11 + 7}{5} = 6$$

　また，**中央値（メディアン）** とは，データを大きい順に並べ替えたときに真ん中に位置する値のことを示す。ただし，データの個数が奇数か偶数かによって算出方法が異なり，n 個のデータがあるとき以下のように求められる。

76

データの個数が奇数の時: $\dfrac{(1+n)}{2}$ 番目のデータ

データの個数が偶数の時: $\dfrac{n}{2}$ 番目と $\dfrac{n}{2}+1$ 番目のデータの平均

二つのデータ系列，{2, 7, 3, 11, 7}と{1, 2, 7, 3, 11, 7}の中央値をそれぞれ算出すると，以下のようになる。

データの個数が奇数の例:

{2, 7, 3, 11, 7} → {2, 3, 7, 7, 11} 中央値は7

データの個数が偶数の例:

{1, 2, 7, 3, 11, 7} → {1, 2, 3, 7, 7, 11} 中央値は(3+7)/2=5

さらに，**最頻値（モード）**とは，データの中で最も出現頻度の高い値を指す。データ系列{2, 7, 3, 11, 7}の最頻値は，出現頻度が最多の「7」となる。

なお，代表値の計算結果が，最頻値<中央値<算術平均の順となっている場合，度数分布の山は左に偏り，裾は右に長いことを表している（後掲の図 4.5 （b）参照）。逆に，度数分布の山が右に偏っている場合には，代表値の大小関係は逆転する。

（3）分散

分散 s^2 の式は，以下のように定義される。

$$s^2 = \frac{\sum_{i=1}^{n}(x_i - \bar{x})^2}{n}$$

$$= \frac{\left(平均からの偏差\right)^2 \text{の合計}}{データの個数} = \frac{平均からの偏差の二乗和}{データの個数} \tag{4.2}$$

データの散らばりの様子を，平均（$\bar{x}$）から各データ（x_i）までの距離を測ることで捉えようとしたものである。ただし，平均からの距離として絶対値$|x_i - \bar{x}|$を用いるのではなく，距離の二乗値$(x_i - \bar{x})^2$を用いていることに注意が必要である。ここで，$(x_i - \bar{x})$は「**平均からの偏差**」と呼ばれている（図 4.2）。分散は，平均からの偏差の二乗和をデータの個数で割ることで求めることができる。なお，平均からの偏差を合計すると，必ずゼロになる。

また，**標準偏差**（s）は分散（s^2）の平方根として算出される。分散は平均からデータまでの距離を二乗しているためデータの単位をそのまま使用できないが，標準偏差は平方根をとっているためにデータの単位をそのまま使用することができる。ほとんどの観測値（約95%）は，算術平均（$\bar{x}$）に標準偏差のプラスマイナス2倍の値を加えた区間（$\bar{x} \pm 2s$）に入ることが知られている。

$$s = \sqrt{s^2} = \sqrt{\sum_{i=1}^{n} \frac{(x_i - \bar{x})^2}{n}} \tag{4.3}$$

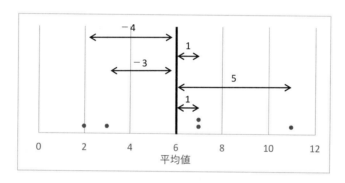

図 4.2　平均からの偏差の例

（4）Excel の関数

データ・エディティングや基本統計量の算出によく使用される Excel の関数は表 4.1 のようなものがある。関数の検索機能（参考 4.5）ですぐに調べられるが，覚えておくと便利である [8]。

---

[8] Excel には分散を求める関数が2種類用意されている。表 4.1 の VAR.P は（4.2）式に基づき計算されるものであり，これは母集団のデータから分散を算出するものである。これに対して，VAR.S も利用可能であり，これは標本データから母集団の分散の推定値を計算するものである。すなわち，VAR.S は平均からの偏差二乗和を（n-1）で割った値（（4.2）式の分母を n-1）として算出される。分散の平方根として求められる標準偏差も，これら分散の違いによって母集団データの標準偏差を求める関数 STDEV.P と標本データの標準偏差を求める関数 STDEV.S の2種類が用意されている。

関数名	処理機能
COUNT（データ範囲）	数字の入力されているセルの数を数える
COUNTIF（データ範囲，　条件）	条件に合うセルの数を数える
MIN（データ範囲）	最小値を求める
MAX（データ範囲）	最大値を求める
AVERAGE（データ範囲）	算術平均を求める
MEDIAN（データ範囲）	中央値（メディアン）を求める
MODE（データ範囲）	最頻値（モード）を求める
VAR.P（データ範囲）	母集団の分散を求める
STDEV.P（データ範囲）	母集団の標準偏差を求める
SQRT（データ範囲）	平方根を求める
CORREL（データ範囲 1，データ範囲 2）	相関係数を求める

表 4.1　Excel の関数

【例題 4.1】

2014 年度の都道府県別の「1 人当たり県民所得（千円/人）」と「1 人当たり電力消費量（kwh/人）」のデータを用いて，以下の設問に答えなさい（データの出典は付録 4.1）。なお，小数の表示桁数は，図 4.1 および図 4.4 から 4.6 を参考にすること。

(1) 1 人当たり県民所得の度数分布表（度数，累積度数，相対度数，累積相対度数）を作成しなさい。また，作成した度数分布表に基づいて，度数のヒストグラムを作成しなさい。なお，各階級の上限は，第 1 階級上限を 2500 とし，500 ずつ増加させること。

(2) 1 人当たり県民所得の最小値，最大値，データ数，およびそれら変数の代表値として，算術平均，中央値，最頻値を求めなさい（図 4.4）。

(3) 1 人当たり県民所得の分散および標準偏差を求めなさい（図 4.4）。

(4) 1 人当たり県民所得について，平均からの偏差の二乗和をデータ数で割ることで分散を計算し，(3)で Excel の関数を使用して計算した結果と一致することを確認しなさい（図 4.6）。

(5) 1 人当たり電力消費量についても，(1) から (4) と同様の操作を行いなさい。なお，各階級の上限は，第 1 階級上限を 6000 とし，1500 ずつ増加させること。

	A	B	C	D	E
1					
2		2014年度の県民所得と電力消費量			
3	地域番号	都道府県	1人当たり県民所得（千円/人）	1人当たり電力消費量（kwh/人）	
4	01	北 海 道	2,600	6100	
5	02	青 森 県	2,400	6900	
6	03	岩 手 県	2,700	6600	
7	04	宮 城 県	2,800	6100	

図 4.3　例題 4.1 のデータの配列（一部抜粋）

	L	M	N
13	基本統計量	県民所得	電力消費量
14	最小値	2100.0	5100.0
15	最大値	4500.0	11200.0
16	データ数	47.0	47.0
17	平均	2814.9	7542.6
18	中央値	2800.0	7100.0
19	最頻値	2400.0	6900.0
20	分散	147225.0	2313082.8
21	標準偏差	383.7	1520.9

図 4.4　基本統計量

	T	U	V	W	X	Y
4	1人当たり電力消費量の度数分布表					
5	階級	範囲	度数	累積度数	相対度数	累積相対度数
6	1	4501〜6000	6	6	0.13	0.13
7	2	6001〜7500	21	27	0.45	0.57
8	3	7501〜9000	11	38	0.23	0.81
9	4	9001〜10500	7	45	0.15	0.96
10	5	10501〜12000	2	47	0.04	1.00
11	合計		47		1	

（a）1 人当たり電力消費量の度数分布表

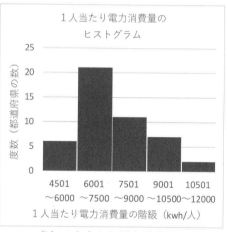

（b）1 人当たり電力消費量の
ヒストグラム

図 4.5

	C	D	E	F	G	H	I
3	都道府県	1人当たり県民所得（千円/人）	1人当たり電力消費量（kwh/人）	1人当たり県民所得の偏差	1人当たり電力消費量の偏差	1人当たり県民所得の偏差の二乗	1人当たり電力消費量の偏差の二乗
4	北 海 道	2,600	6100	-215	-1443	46179.3	2080959.7
5	青 森 県	2,400	6900	-415	-643	172136.7	412874.6
49	鹿 児 島 県	2,400	6000	-415	-1543	172136.7	2379470.3
50	沖 縄 県	2,100	5200	-715	-2343	511072.9	5487555.5
51	計算式による結果						
52	合計	132,300	354,500	0	0	6,919,574.5	108,714,893.6
53	平均	2814.9	7542.6			147,225.0	2,313,082.8
54				分散の平方根→		383.7	1520.9

図 4.6　分散の計算

操作 4.1　最小値と最大値の算出　— 例題 4.1（1）

① 　1 人当たり県民所得の最小値を求める
　　ために，指定したセル範囲にあるデータ
　　の最小値を求める関数[=MIN （データ
　　範囲）]を入力する。

② 　1 人当たり県民所得の最大値を求める
　　ために，指定したセル範囲にあるデータ
　　の最大値を求める関数[=MAX （データ
　　範囲）]を入力する。

	K	L	M	N
12				
13		基本統計量	県民所得	電力消費量
14		最小値	=MIN(D4:D50)	
15		最大値	=MAX(D4:D50)	

図 4.7　最小値と最大値の計算例

操作 4.2　度数分布表の階級の決定　— 例題 4.1（1）

① 　最小値と最大値で閾値全体をカバーできる範囲で階級を設定する。まずは，階級上限値
　　の列の R6 セルに第 1 階級の上限値[2500]を入力する（図 4.8）。

② 　第 2 階級以降を 500 の階級幅で増加させるために，R7 セルに計算式[=R6+500]を入力
　　する。オートフィル機能を利用して，最後の階級まで計算式をコピーする。

③ 　得られた上限値をもとに，階級の範囲を M 列に入力する。

	L	M	N	O	P	Q	R
4	1人当たり県民所得の度数分布表						
5	階級	範囲	度数	累積度数	相対度数	累積相対度数	階級上限値
6	1	2001~2500					2500
7	2	2501~3000					=R6+500
8	3	3001~3500					=R7+500
9	4	3501~4000					=R8+500
10	5	4001~4500					=R9+500
11	合計						

図 4.8　階級上限値の計算と階級の範囲

操作 4.3　累積度数の計算　— 例題 4.1（1）

① 　累積度数は，第 1 階級から該当する階級までの度数を順に加えたものであり，条件を
　　満たすセルの数を求める関数 COUNTIF を用いて算出する。

81

[=COUNTIF （データ範囲，条件）]

たとえば，O6 セルに以下のように入力すれば，1 人当たり県民所得が 2500 以下の都道府県の数が返される。条件部分は，ダブルクォーテーション ""で示すことに注意する。

　　1 人当たり県民所得 2500 以下の数（O6）

　　　: [=COUNTIF （$D$4:$D$50, "<=2500 "）]

　データ範囲を$マークを使って絶対参照にすることで，次の階級に関数をコピーした際に，データ範囲が連動して変化するのを防ぐことができる。ただし，このままコピーした場合には，条件の値を階級ごとに修正する必要がある。

② 条件の値もオートフィルで変更する場合には，以下のように入力する。

　　　　　[=COUNTIF （データ範囲, "不等号"&セル番号）]

たとえば，以下のように入力すれば，「R6 セルの値以下」として条件が設定される（図4.9）。

　　1 人当たり県民所得 2500 以下の数（O6）

　　　: [=COUNTIF （$D$4:$D$50, "<= "&R6）]

オートフィルにより，最後の階級までコピーすれば，階級別の累積度数を求めることができる。

③ 最後の階級の累積度数（O10 セル）はデータの総数（47）となるので，それらが一致していれば OK。

	L	M	N	O	P	Q	R
4		1人当たり県民所得の度数分布表					
5	階級	範囲	度数	累積度数	相対度数	累積相対度数	階級上限値
6	1	2001〜2500	=O6	=COUNTIF($D$4:$D$50,"<="&R6)			2500
7	2	2501〜3000	=O7-O6				3000
8	3	3001〜3500					3500
9	4	3501〜4000					4000
10	5	4001〜4500					4500
11	合計		=SUM(N6:N10)				

図 4.9　度数と累積度数の計算

操作 4.4　度数の計算　―　例題 4.1（1）

① 度数は各階級に入る観測値の個数であり，第 1 階級の度数は累積度数と同じ値になるので，N6 セルに[=O6]と入力する（図 4.9）。

② 次の階級の度数は累積度数の差として求めることができるので，N7·セルに[=O7－O6]と入力し，オートフィルで最後の階級までコピーする。

③ 度数の合計欄には SUM 関数を利用し，度数の合計[=SUM(N6:N10)]を求めると，都道府県の個数の合計である 47 となる。

操作 4.5　相対度数・累積相対度数の計算　―　例題 4.1（1）

① 相対度数と累積相対度数を求めるために，最初の階級に以下のように入力し（図 4.10），最後の階級までオートフィルでコピーする。

　　　相対度数（P6）：[=N6/$N$11]

　　　累積相対度数（Q6）：[=O6/$O$10]

② 相対度数の合計欄には，SUM 関数で相対度数の合計値[=SUM(P6:P10)]を算出し，1 となることを確認する。また，累積相対度数の最後の階級（Q10 セル）は必ず 1 となっていることも確認すること。

▲	L	M	N	O	P	Q
4	1人当たり県民所得の度数分布表					
5	階級	範囲	度数	累積度数	相対度数	累積相対度
6	1	2001～2500	13	13	=N6/$N$11	=O6/$O$10
7	2	2501～3000	23	36		
8	3	3001～3500	10	46		
9	4	3501～4000	0	46		
10	5	4001～4500	1	47		
11	合計		47		=SUM(P6:P10)	

図 4.10　相対度数と累積相対度数の計算

操作 4.6　ヒストグラムの作成　— 例題 4.1 (1)

① ヒストグラムを作成するには，度数分布
表の階級の範囲と度数のデータ範囲（M6
〜N10 セル）をドラッグで指定してから，
[挿入タブ]−[グラフグループ]−[縦棒]
の順にクリックして縦棒を作る。

② 棒の幅を調整するために，棒の上を右ク
リックして，[データ系列の書式設定]を選
択し，[系列のオプション]の[要素の間隔]
をゼロに設定する（図 4.11）。

③ 軸ラベルやタイトルを変更すれば(操作
1.11 を参照)，既出の図 4.1 (b) が得られ
る。

図 4.11　棒グラフの要素の間隔の調整

操作 4.7　各種代表値の算出　— 例題 4.1 (2)

① データ数, 算術平均, 中央値, 最頻値は, それぞれ以下の関数で計算できる（図 4.12）。

　　データ数：[=COUNT（データ範囲）]
　　算術平均：[=AVERAGE（データ範囲）]
　　中央値：[=MEDIAN（データ範囲）]
　　最頻値：[=MODE（データ範囲）]

	L	M	N
13	基本統計量	県民所得	電力消費量
14	最小値	2100.0	
15	最大値	4500.0	
16	データ数	=COUNT(D4:D50)	
17	平均	=AVERAGE(D4:D50)	
18	中央値	=MEDIAN(D4:D50)	
19	最頻値	=MODE(D4:D50)	
20	分散	=VAR.P(D4:D50)	
21	標準偏差	=STDEV.P(D4:D50)	

図 4.12　基本統計量の計算

② D52 セルにデータの合計値を算出し，D53 セルにその合計値をデータの個数 47 で割り，算術平均を計算する。この値と，①で AVERAGE 関数を用いて計算した値とが一致することを確認しよう（図 4.13）。

操作 4.8　分散・標準偏差の算出　— 例題 4.1（3）および（4）

① 分散や標準偏差を求めるには，以下の関数を用いる（図 4.12）。

分散 : [=VAR.P（データ範囲）]

標準偏差 : [=STDEV.P（データ範囲）]

② 分散や標準偏差について，（4.2）式と（4.3）式に従い平均からの偏差の二乗和から算出した値と，Excel 関数での結果が一致するか確認してみよう（図 4.13）。まず，平均からの偏差とその二乗値を計算するために，以下のようにそれぞれ入力する。

平均からの偏差（F4）: [=D4-D\$53]

平均からの偏差の二乗値（H4）: [=F4^2]

F4 と H4 の計算式をオートフィルで沖縄県の行までコピーする。なお，平均からの偏差の値で，負の値がカッコ付きの赤字で表示された場合には，〈参考 1.7〉を参照。

③ 52 行目に，平均からの偏差の和と平均からの偏差の二乗和をそれぞれ求める。平均からの偏差の合計（F52 セル）は必ず 0 となることを確認する。なお，セルの値が「7E-12」と表示された場合は，〈参考 1.7〉を参照のこと。

④ 平均からの偏差の二乗和をデータの個数 47 で割ることで，分散（H53 セル）が得られる。また，標準偏差は分散の平方根をとることで求められる。平方根を算出する関数は [=SQRT（セル番号）] である。計算式で求めた値が，関数によって求めた結果と一致するか確認する。

⑤ 1 人当たり電力消費量についても，①から④の操作を繰り返す。なお，各階級の上限は，第 1 階級を 6000 とし，1500 ずつ増加させること。

⑥ 1 人当たり県民所得と 1 人当たり電力消費量の分散と標準偏差を比較してみると，2 つの指標とも 1 人当たり電力消費量のほうが大きい。従って，都道府県によって 1 人当たり県民所得よりも 1 人当たり電力消費量のばらつきのほうが大きいことが予想される。

	C	D	E	F	G	H	I
3	都道府県	1人当たり県民所得（千円/人）	1人当たり電力消費量（kwh/人）	1人当たり県民所得の偏差	1人当たり電力消費量の偏差	1人当たり県民所得の偏差の二乗	1人当たり電力消費量の偏差の二乗
4	北海道	2,600	6100	=D4-D$53	=E4-E$53	=F4^2	=G4^2
5	青森県	2,400	6900				
6	岩手県	2,700	6600				
50	沖縄県	2,100	5200				
51	計算式による結果						
52	合計	=SUM(D4:D50)	=SUM(E4:E50)	=SUM(F4:F50)	=SUM(G4:G50)	=SUM(H4:H50)	=SUM(I4:I50)
53	平均	=D52/47	=E52/47			=H52/47	=I52/47
54					分散の平方根→	=SQRT(H53)	=SQRT(I53)

図 4.13　分散の計算

【練習問題 4.1】

　2015 年の世界 37 ヶ国の「1 人当たり名目 GDP（US ドル）」と「1 人当たり最終エネルギー消費量（ギガジュール）」のデータを用いて，以下の設問に答えなさい（データの出典は付録 4.2）。

(1) 1 人当たり GDP と 1 人当たり一次エネルギー供給量の度数分布表（度数，累積度数，相対度数，累積相対度数）を作成しなさい。ただし，1 人当たり名目 GDP と 1 人当たり一次エネルギー供給量の階級幅は，それぞれ 20 と 3 で作成すること。また，作成した度数分布表に基づいて，度数のヒストグラムを作成しなさい。

(2) 1 人当たり名目 GDP と 1 人当たり一次エネルギー供給量について，データの数，算術平均，中央値，分散，および標準偏差をそれぞれ計算し，データの特徴を述べなさい。

(3) 平均からの偏差の二乗和をデータ数で割ることで分散を計算し，(2)で Excel の関数を使用して計算した結果と一致することを確認しなさい。

	A	B	C	D
1	2015年度1人当たり名目GDPと1人当たり最終エネルギー消費量			
2		国または地域	1人当たり名目GDP（USドル）	1人当たり最終エネルギー消費量（ギガジュール）
3		アメリカ合衆国	56640	199
4		アラブ首長国連邦	39122	315
5		アルゼンチン	14603	60

図 4.14　練習問題 4.1 のデータの配列（一部抜粋）

〈参考 4.1〉分析ツールによる度数分布表の作成

　度数分布表やヒストグラムは，操作 4.3〜操作 4.6 で学習した方法のほかに，下記の操作 4.9 のように分析ツールを用いても作成することができる。例題 4.1 の 1 人当たり県民所得の度数分布表とヒストグラムを，分析ツールを利用して作成してみる。

操作 4.9　分析ツールの利用（ヒストグラム）

①　操作 4.2 を参考にして，階級を設定する。

②　［データタブ］−［分析グループ］−［データ分析］の順にクリックする。［データ分析］ウィンドウから［ヒストグラム］を選択する（［データ分析］が表示されない場合には，〈参考 4.2〉を参照のこと）。

③　［ヒストグラム］のウィンドウで，入力範囲に[$D$4:$D$50]，データ区間に[$R$6:$R$9]，出力先として空いているセルをクリックで指定し，［グラフ作成］にチェックを入れて，OK をクリックする。これにより，度数分布表とヒストグラムが表示される。

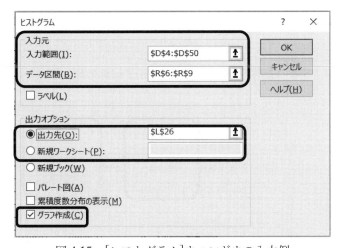

図 4.15　［ヒストグラム］ウィンドウの入力例

〈参考 4.2〉データ分析機能のアドイン

　ヒストグラムや相関分析，回帰分析などは，分析ツールを用いることができる。分析ツールを使用する際，［データタブ］に［分析グループ］または［データ分析］の項目が表示されていない場合は，以下の手順でアドインを追加する。

まず，[ファイルタブ]-[オプション]の順にクリックし，[Excel のオプション]ウィンドウを開く。[アドイン]をクリックし，Excel アドインの[設定]をクリックすると，[アドイン]ウィンドウが開くので[分析ツール]にチェックを入れる。このような操作を一度実行しておけば，分析ツールの利用が可能となる。

〈参考 4.3〉度数分布表からの加重平均の計算

一般に，代表値として平均値を求める場合，集計前（度数分布表を作成する前）のデータが得られているのであれば，算術平均を用いればよい[9]。しかしながら，公的統計などで，度数分布表しか得られなかった場合には，加重平均を用いる必要がある。ここでは，1 人当たり県民所得の度数分布表から，階級ごとの都道府県の個数で重みを付けた加重平均を求めてみよう。

操作 4.10　度数分布表からの加重平均の計算

① 　1 人当たり県民所得の階級範囲に基づいて，下限値と上限値を入力する（図 4.16 の M 列と N 列）。各階級の真ん中の値を，計算式[=（下限値+上限値）/2]に従って算出し，この値を階級値とする（各階級に含まれるデータの平均値を階級値とする場合もある）。

	L	M	N	O	P	Q
24	1人当たり県民所得					
25	階級	下限値	上限値	階級値	度数	階級値×度数
26	1	2,100	2,500	=(M26+N26)/2	13	=O26*P26
27	2	2,501	3,000		23	
28	3	3,001	3,500		10	
29	4	3,501	4,000		0	
30	5	4,001	4,500		1	
31	合計				47	=SUM(Q26:Q30)
32						
33				加重平均	=Q31/P31	

図 4.16　加重平均の計算過程

---

[9] データセットに標本の抽出率を基に作成された集計用乗率が付与されている場合には，乗率（ウェイト）を用いた平均値の計算が必要である。詳細は，標本データのための統計分析に関連する図書を参照すること。

② 各階級の[=階級値×度数]を算出する。

③ ②の合計値を算出し，データの個数 47 で割ることで，加重平均が求められる。

④ 加重平均 2764.2 は，元のデータから計算した算術平均 2814.9（操作 4.7 の結果）とズレがあることを確認しよう。ヒストグラムの山が左に偏っているため，加重平均は算術平均よりも小さな値となっている。

〈参考 4.4〉変動係数の利用

通常，観測された値が大きいほど，分散も標準偏差も大きくなる傾向にある。例題 4.1 で使用したデータでは，各都道府県の 1 人当たり電力消費量のほうが 1 人当たり県民所得より大きいので，電力消費量のほうが分散や標準偏差が大きくなるのも当然のことである。

このような点を考慮して，分析の際には変動係数を利用することもできる。変動係数は，標準偏差を平均値で割ることで求められるものであり，各変数の変動係数を算出し，比較したとき，1 人当たり電力消費量のほうが 1 人当たり県民所得より大きいことがわかる（各自で確認してみよう）。

4.2　2変量データの特徴を捉える

本節では，まず，散布図（相関図）により，視覚的に 2 変量の関係を把握する。次に，相関係数を求めることで，2 変量の直線的な関係（相関関係）の方向や強さを捉える。

（1）散布図

2 変数の関係は，横軸と縦軸に各変数の値をプロットすることで視覚的に捉えることができる。このような図を**散布図（相関図）**とよぶ。図 4.17 には，さまざまな 2 変量の関係の様子が示されている。

まず(a)と(b)の分布は，右上がりにデータが散らばっており，一方の変数が増加するとき，もう片方の変数も増加するという関係が示されている。このような関係を「正の相関関係がある」という。その分布傾向が線形の一直線上に近い形で得られている場合には，相関の程度が「強い」と判断できる。逆に，(d)や(e)のように，右下がりにデータが散らばっている

場合には，「負の相関関係がある」という。いずれの方向にも線形の傾向が表れていない場合には，「相関が無い」ことになる（c）。なお，2変数の関係には，線形の関係ではなく，（f）のような曲線的な関係がみられることもあり，本格的な分析に進む前に，まずはデータの分布の様子を視覚的に確認しておくことが極めて重要である。

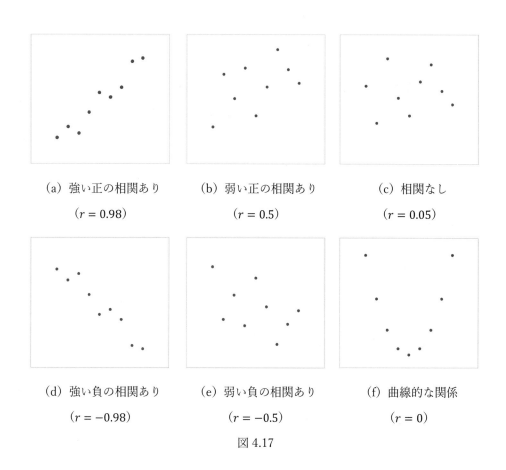

(a) 強い正の相関あり	(b) 弱い正の相関あり	(c) 相関なし
$(r = 0.98)$	$(r = 0.5)$	$(r = 0.05)$

(d) 強い負の相関あり	(e) 弱い負の相関あり	(f) 曲線的な関係
$(r = -0.98)$	$(r = -0.5)$	$(r = 0)$

図 4.17

（2）相関係数

2つの変数 x, yに関する**共分散** s_{xy} は，（4.4）式で定義される。

$$s_{xy} = \frac{\sum_{i=1}^{n}(x_i - \bar{x})(y_i - \bar{y})}{n} \tag{4.4}$$

この式は，分散の式（4.2）と類似していることに注目しよう。1変量の変動をみるためには，平均からの偏差の二乗和 $\sum_{i=1}^{n}(x_i - \bar{x})^2$ を用いて分散を算出した。共分散は，2変量の

変動を同時にみるためのものであり，2つの変数 x, y について，それぞれ平均からの偏差を求め，それらの積を求めたうえで合計し，データの個数で除することで算出される。

　共分散のままでは，上限と下限が定まらず，共分散どうしの強弱の比較が困難であるため，通常は共分散を標準化した相関係数が用いられている。**相関係数**は，共分散を各変数の標準偏差s_xとs_yで除した，（4.5）式により算出される。

$$r_{xy} = \frac{s_{xy}}{s_x \cdot s_y} \tag{4.5}$$

　相関係数 r は $-1 \leq r \leq 1$ の範囲の値をとり，-1に近いほど強い負の相関があり，0 に近いほど相関がない（または弱く），1 に近いほど強い正の相関がある（図 4.17 の散布図と対応する相関係数の値を確認すること）。ただし，相関係数が 0 に近い時は，直線的な規則性がないことを表しているのみであり，もし図 4.17(f)のような曲線的な規則性をもっている場合でも相関係数は 0 に近い値として観測される。

【例題 4.2】

　例題 4.1 で用いた 2014 年度の都道府県別の「1 人当たり県民所得（千円/人）」と「1 人当たり電力消費量（kwh/人）」のデータを用いて，以下の設問に答えなさい。なお，小数の表示桁数は，図 4.19 を参考にすること。

（1）横軸に 1 人当たり県民所得，縦軸に 1 人当たり電力消費量として散布図を描きなさい（図 4.18）。

（2）2 変数の共分散と各変数の標準偏差を用いて相関係数を求めなさい。

（3）2 変数の相関係数を Excel の関数を用いて求めたうえで，(2) の結果と一致することを確認しなさい（図4.19）。

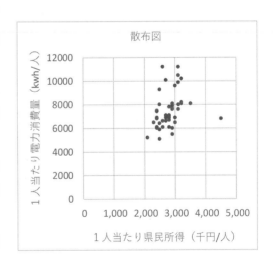

図 4.18　1 人当たり県民所得と 1 人当たり電力消費量の散布図

91

	C	D	E	F	G	H	I	J
3	都道府県	1人当たり県民所得（千円/人）	1人当たり電力消費量（kwh/人）	1人当たり県民所得の偏差	1人当たり電力消費量の偏差	1人当たり県民所得の偏差の二乗	1人当たり電力消費量の偏差の二乗	県民所得と電力消費量の偏差積
4	北 海 道	2,600	6100	-215	-1443	46179.3	2080959.7	309995.5
5	青 森 県	2,400	6900	-415	-643	172136.7	412874.6	266591.2
49	鹿児島県	2,400	6000	-415	-1543	172136.7	2379470.3	639995.5
50	沖 縄 県	2,100	5200	-715	-2343	511072.9	5487555.5	1674676.3
51	計算による結果							
52	合計	132,300	354,500	0	0	6,919,574.5	108,714,893.6	8,510,212.8
53	平均	2814.9	7542.6			147,225.0	2,313,082.8	181,068.4
54				分散の平方根→		383.7	1520.9	↑共分散
55								
56					相関係数（式による）			0.31
57					相関係数（関数による）			0.31

図 4.19　共分散と相関係数の計算結果

操作 4.11　散布図の作成　— 例題 4.2（1）

①　1 人当たり県民所得と 1 人当たり電力消費量のデータ範囲[D4:E50]をドラッグで範囲指定する。

②　[挿入タブ]−[グラフグループ]−[散布図]の順にクリックする（図 4.20）。

③　操作 1.11 を参考に，軸ラベルやタイトルを変更すれば，図 4.18 が得られる。

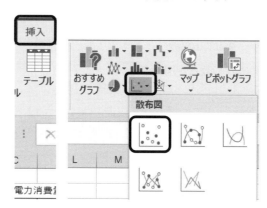

図 4.20　散布図の作成

操作 4.12　相関係数の計算（計算式の利用）　— 例題 4.2（2）

①　J4 セルに，2 変数の偏差の積を求める計算式[=F4*G4]を入力し，オートフィルで下までコピーする。

92

② J52 セルには，J4 セルから J50 セルまでの合計値，J53 セルには偏差の積の和をデータ数で割った値を求める。J53 セルに得られた数値が，共分散である。

③ J56 セルに，1 人当たり県民所得と 1 人当たり電力消費量の相関係数を求める計算式 [=J53/（H54 *I54）] を入力する。

	D	E	F	G	H	I	J
3	1人当たり県民所得（千円/人）	1人当たり電力消費量（kwh/人）	1人当たり県民所得の偏差	1人当たり電力消費量の偏差	1人当たり県民所得の偏差の二乗	1人当たり電力消費量の偏差の二乗	県民所得と電力消費量の偏差積
4	2,600	6100	-215	-1443	46179.3	2080959.7	=F4*G4
5	2,400	6900	-415	-643	172136.7	412874.6	
6	2,700	6600	-115	-943	13200.5	888406.5	
49	2,400	6000	-415	-1543	172136.7	2379470.3	
50	2,100	5200	-715	-2343	511072.9	5487555.5	
51							よる結果
52	132,300	354,500	0	0	6,919,574.5	108,714,893.6	=SUM(J4:J50)
53	2814.9	7542.6			147,225.0	2,313,082.8	=J52/47
54			分散の平方根→		383.7	1520.9	↑共分散
55							
56					相関係数（式による）		=J53/(H54*I54)
57					相関係数（関数による）		=CORREL(D4:D50,E4:E50)

図 4.21　共分散と相関係数の計算

操作 4.13　相関係数の算出（Excel 関数の利用）　— 例題 4.2（3）

① 相関係数を求めるために，以下のように入力し，この結果が操作 4.12 の結果と一致するか確認する。

　　　相関係数（J57）：[=CORREL（D4:D50, E4:E50）]

　1 人当たり県民所得と 1 人当たり電力消費量の散布図は緩やかな右上がりとなっており，一人当たり県民所得が高い地域ほど 1 人当たり電力消費量も多くなっていることを反映している。2 変数の相関係数も 0.31 となっており，強くはないが，ある程度正の相関を示す値となっている。

〈参考 4.5〉関数の検索

　Excel には多くの関数が用意されている。何を使うべか迷った場合や，使い方が分からない場合には[関数の挿入]ウィンドウから，検索を行うことができる。

操作 4.14　関数の検索

図 4.22(a)のようにシートの上にある関数検索のためのボタンをクリックすると，図 4.22 (b) のような[関数の挿入]ウィンドウが表示される。[関数の検索]欄に，キーワードを入れて検索すれば，該当する関数名が表示される。

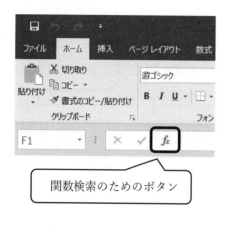

（a）関数検索のためのボタン

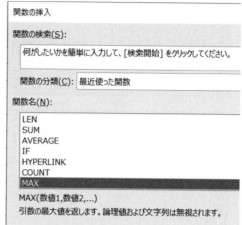

（b）関数の挿入ウィンドウ

図 4.22

【練習問題 4.2】

練習問題 4.1 の続きとして，2015 年の世界 37 ヶ国の「1 人当たり名目 GDP（US ドル）」と「1 人当たり最終エネルギー消費量（ギガジュール）」のデータを用いて（データの配列は図 4.14 を参照），1 人当たり最終エネルギー消費量と 1 人当たり名目 GDP の散布図を描き，Excel の関数を用いて相関係数を求めなさい（データの出典は付録 4.2）。

【発展問題 4】

1971 年〜2015 年までの日本と中国の「GDP（US ドル， 2005 年基準）」，「人口（100 万人）」，「一次エネルギー供給量（ペタジュール）」，「一次エネルギー 1 単位当たり二酸化炭素排出量（トン/テラジュール）」のデータを用いて，以下の設問に答えなさい。

(1) 各国別に，上記 4 つの変数の全ての組み合わせで相関係数を求めなさい。また，それらの結果を 2 国間で比較し，どのような違いがあるか述べなさい。

(2) 1971 年から 2015 年までの日本と中国の二酸化炭素排出量（単位:100 万トン）を推計し，この期間の二酸化炭素排出量の年平均変化率を求めなさい。

(3) 1 人当たり GDP，エネルギー原単位，炭素含有量を以下のように定義したとき，二酸化炭素排出量は人口，1 人当たり GDP，エネルギー原単位，および炭素含有率の 4 つの要素の積で構成することができる。これら 4 つの要素に関する 1971 から 2015 年までの年平均変化率を算出し，これらの要素が二酸化炭素排出量にどのように影響しているか，2 国間を比較しながら考察しなさい。ただし，エネルギー消費量＝エネルギー供給量とみなすことにする。

$$1 人当たり GDP = \frac{GDP}{人口} \tag{4.6}$$

$$エネルギー原単位 = \frac{エネルギー消費量}{GDP} \tag{4.7}$$

$$炭素含有率 = \frac{二酸化炭素排出量}{エネルギー消費量} \tag{4.8}$$

■ IEA の Web サイトからのデータの取得方法

・IEA Web サイト 「CO2 Emissions from Fuel Combustion 2017 Highlights」(https://webstore.iea.org/co2-emissions-from-fuel-combustion-highlights-2017) にアクセス

　　⇒ Summary Tables や Indicator Sources and Methods からデータを整理する。

　　※ 一次エネルギー1 単位当たり二酸化炭素排出量は，サイト内「一次エネルギー供給量」，「二酸化炭素排出量」から算出する。

=== **発展問題 4 の解説** ===

　二酸化炭素排出量の増加要因は，人口増加と経済成長（GDP）の発展によるものが大きい。これらに加えて，エネルギー原単位や炭素含有率も二酸化炭素排出量の増減に影響するものと考えられる。

　エネルギー原単位は，1 単位の GDP を算出するのに必要とされるエネルギー消費量を示している。エネルギー原単位が低いほうが，エネルギーに関する生産効率が高く，エネルギー使用量が抑えられ，同時に二酸化炭素排出量も抑えられているものと考えられる。

　また，炭素含有率は，エネルギー消費量 1 単位当たりの二酸化炭素排出量を示している。炭素含有率の低いエネルギーに転換したり，再生可能エネルギーにシフトすれば，炭素含有率の数値が低下し，二酸化炭素排出量の減少につながる可能性が考えられる。

　二酸化炭素の排出量は，以下の式により求めることができる。ただし，エネルギー消費量＝エネルギー供給量と想定して推計するものとする。

$$二酸化炭素排出量 ＝ 人口 \times \frac{GDP}{人口} \times \frac{エネルギー消費量}{GDP} \times \frac{二酸化炭素排出量}{エネルギー消費量} \tag{4.9}$$

まずは，日本と中国の二酸化炭素排出量（単位:100 万トン）の推計値をもとに，1971 年度から 2015 年度までの年平均変化率（操作 2.5 を参照）を求める。さらに，4 つの要素についても年平均変化率を求め，この期間における各要素の増加・減少の傾向を捉えてみよう。ただし，交絡項（二要素以上の交絡要因）による影響は各要素の直接的な影響よりも大幅に小さく，基本的に各要素の二酸化炭素の排出量に対する増減の傾向を変更させることはできないものと仮定する。

　なお，3 つ以上の変数で構成されるデータセットがあるとき，全ての変数の組み合わせについて相関係数を求める場合には，分析ツールを用いると便利である。

操作 4.15　分析ツールの利用（相関）

①　［データタブ］－［分析グループ］－［データ分析］の順にクリックする。次に，［データ分析］ウィンドウの［相関］をクリックする（［データ分析］が表示されていない場合には，〈参考 4.2〉を参照のこと）。

②　［相関］ウィンドウの入力範囲にデータの範囲をドラッグで指定し，出力先のセルとして空いているセルをクリックで指定し，OK をクリックすれば，全ての変数間の相関係数が

算出される。

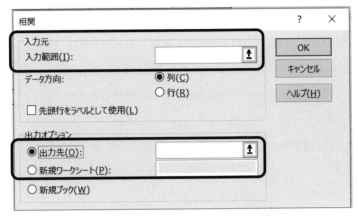

図 4.23　［相関］ウィンドウの入力箇所

第5章 回帰分析

　第 4 章の後半では，散布図を描いて 2 変量の間に相関関係があるかどうかを視覚的に捉え，さらに，相関関係の程度（方向や強さ）を相関係数という統計指標を用いて捉えることを学習した。散布図や相関係数では，2 変量の相関関係（2 変量が同じ方向に変化するのか，反対の方向に変化するのか）を，その強弱とともに判断することはできたが，因果関係は想定していなかった。

　しかしながら，2 変量のうちの一方の変数が原因となり，他方の変数が結果であるという因果関係を前提とし，原因となる変数が変化したとき，結果となる変数がどれぐらい変化するのかを知りたい場合には，回帰分析を行う必要がある。

　本章では，まず，原因となる変数が一つであると想定した単回帰分析を 5.1 節で説明し，次に，原因となる変数が複数あると想定した重回帰分析を 5.2 節で説明する。なお，本書は初学者向けの説明に特化して，分析のための Excel の操作方法や結果数値の利用方法を重点的に説明しており，可能なかぎり統計学や計量経済学の専門的な（初学者には難しい）知識の説明は省略している。しかしながら，当然，より正確により深く理解するためには，統計学や計量経済学の学習は不可欠である。〈参考 5.2〉などをもとに，各自で学習することを強く推奨する。

5.1 単回帰分析

　本節では，都道府県別の「年間収入」と「床暖房普及率」という 2 変量を用いて単回帰分析を学習していく（後掲の例題 5.1 の操作により同様の結果が得られる）。そこで，まずはこれら 2 変量の散布図（47 個の点がプロットされている）を，図 5.1 で確認しておこう。図 5.1 からは，年間収入と床暖房普及率の相関関係を確認することができる。ちなみに床暖房がほぼ普及していない一番左下の点は「沖縄県」であり，最も普及している一番右上の点は「東京都」である。相関係数を計算すると 0.5 であり正の相関関係が確認される。

　しかしながら，通常，年間収入が増えると床暖房普及率が高くなるとは考えられるが，床暖房普及率が高くなることで年間収入が増えるとは考えにくい。すなわち，年間収入が「原因」となり，床暖房普及率が「結果」として得られた値であると想定される。このように，実際の社会・経済現象として因果関係が想定される場合には，その想定が現実のデータから

実証できるかどうかを回帰分析を行って確認する必要がある。

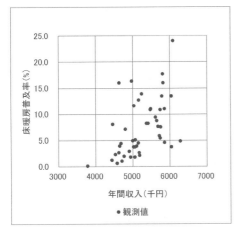

図5.1　都道府県別の年間収入と床暖房普
　　　 及率の散布図

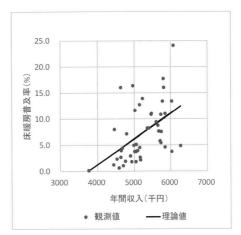

図5.2　回帰直線のあてはめ

（1）単回帰分析

　都道府県別の「年間収入」（原因）と「床暖房普及率」（結果）という2変量の関係を考え
るとき，回帰分析では（5.1）式の様な直線の式として捉える。

$$床暖房普及率 = a + b \times 年間収入 \tag{5.1}$$

このような直線の式を考えるということは，散布図の中に図5.2のような直線を描くことと
同じである。

　（5.1）式は**回帰式（回帰方程式）**と呼ばれる。**単回帰分析**とは，回帰式の a（**切片**また
は**定数項**）と b（**傾き**または**回帰係数**）を求めることで，2変量の因果関係を示す直線
（**回帰直線**）を求める分析手法である。一般に，原因となる変数は，他の変数を説明する
役割を持っているので**説明変数**（または**独立変数**）と呼び，結果となる変数は，他の変数
に説明される変数であることから**被説明変数**（または**従属変数**）と呼ぶ。そこで，被説明
変数を Y，説明変数を X と記号で表せば，回帰式は（5.2）式のように書ける。

　・結果となる変数：被説明変数（Y）

　・原因となる変数：説明変数（X）

$$Y = a + bX \tag{5.2}$$

なお，（5.2）式を Y の X への回帰式（回帰方程式）と呼ぶことがある。

もちろん，床暖房普及率（被説明変数）を年間収入（説明変数）だけで説明するのは難しい。被説明変数の変動のうち，説明変数の変動では説明できない要因が当然ある。そのような要因を**誤差項**と呼び，u_i（iはケースの番号）で表すと，観測値については（5.3）式のように書くことができる。ここで，（5.2）式のY は回帰直線上の値を表し，（5.3）式のY_i は観測値を表している。

$$Y_i = a + b\,X_i + u_i \tag{5.3}$$

　図5.3には，（5.3）式の右辺の要素を2つに分けて図示している。Y_i は i 番目の Y の値を示しているため，図5.3では i 番目のケースの床暖房普及率の値（高さ）を示すことになる。また，直線までの高さは $a + b\,X_i$ となるため，誤差項は直線からデータまでの高さを示すことになる（当然，直線よりも下に位置する誤差項はマイナスの値となる）。

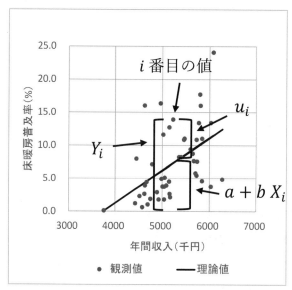

図5.3　単回帰分析での直線と誤差項の関係

　（5.1）式，（5.2）式および（5.3）式における，a（切片，定数項）とb（傾き，回帰係数）を求めることを推定 [10] という。推定された a（定数項）や b（傾き，回帰係数）の値

---

[10]　基本的な推定法として最小二乗法が挙げられる。最小二乗法は推定理論の考え方を理解するうえで極めて重要な方法であるので，統計学や計量経済学の参考書等で理解を深めよう。

は，ハット（＾）の記号を用いて $\hat{a}$, $\hat{b}$ と記載し，それぞれ a や b の**推定値**という。推定に関する計算方法の理論的詳細については割愛し，本書では推定値の簡単な解釈について説明する。

図 5.1 のデータに対して a と b の推定を行うと，a の推定値として $\hat{a} = -18.49$，b の推定値として $\hat{b} = 0.005$ が得られ，これらの推定値を代入した回帰直線は（5.4）式となる。

$$Y = -18.49 + 0.005\,X \tag{5.4}$$

（2）決定係数

回帰分析をおこなう際，データを利用して求めた回帰直線が，そのデータのどれぐらいの変動割合を説明できているか，を考えることで回帰直線のあてはまりの良さを測ることができる。このあてはまりの良さを測る指標を**決定係数**と呼ぶ。決定係数は 0 から 1 までの値をとり，1 に近くなるにつれて，回帰直線がデータを説明する程度が大きくなり，0 に近くなるにつれて，回帰直線がデータを説明する程度が小さくなる。床暖房普及率に対して年間収入を用いた回帰結果では，決定係数 0.246 が得られている（図 5.4（a））。これは，床暖房普及率の変動のうち，24.6%を年間収入の変動で説明できる，という意味である。

図 5.4（b）には床暖房普及率 Y に対して平均気温を X として推定した結果を示しており，この時の決定係数は 0.161 と示されている。すなわち，床暖房普及率を説明する変数として，年間収入を用いた時には 24.6%説明できていたが，平均気温では 16.1%しか説明できていないことになる。

データから予測をする場合については，決定係数は大きい方が望ましい。たとえば，ある地域の年間収入から，その地域の床暖房普及率を予測したい場合には，決定係数が大きい回帰直線を利用することでよい予測をすることができる。しかし，予測が目的ではない場合については，もちろん，決定係数が大きい方が望ましいが，決定係数が小さいからといって回帰直線の意味がない，と考えるのは正しくない。なお，単回帰分析の場合，決定係数は相関係数の 2 乗になっている（例題等で確認してみよう）。

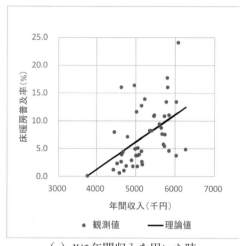

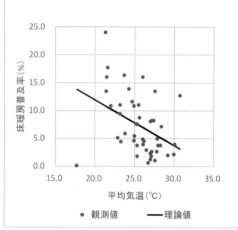

（a）Xに年間収入を用いた時
（決定係数: 0.246）

（b）Xに平均気温を用いた時
（決定係数: 0.161）

図 5.4　決定係数の考え方

（3）t 統計量

　回帰分析により得られた推定値は，データをもとにして推定されたものである。一般に，データは 1 回限りの調査によって得られるものであるが，もし異なる標本（回答者の集団）で再調査を行えば，異なるデータが得られる可能性がある。

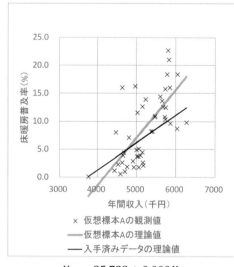

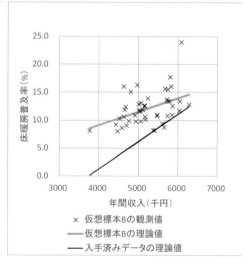

$$Y = -35.738 + 0.009X$$

$$Y = -0.594 + 0.002X$$

（a）仮想標本 A による回帰例

（b）仮想標本 B による回帰例

図 5.5　標本の違いによるデータと回帰式の違い

図5.5（a）と（b）には，仮想的に異なる標本の値（仮想標本A, B）をプロットした散布図の様子を示している [11]。定数項や回帰係数はデータに基づいて推定されるものであるから，当然，最初のデータ（標本）による推定値（図5.5の黒い実線）とは異なる可能性がある（図5.5の灰色の太線）。そこで，データの違いにより推定値が異なる可能性（標本による推定値の誤差）も考慮したうえで，想定した因果関係が間違っていないことを検討しておく必要がある。

　前述の（5.4）式の回帰式では，年間収入（原因となる変数，説明変数）が変化すると床暖房普及率（結果となる変数，被説明変数）が変化する，という因果関係を想定している。これは，回帰式の枠組みでは回帰係数が0にならない（$b \neq 0$）ということを意味している。これに対して，回帰分析における因果関係の想定が「間違っている」とは，

「年間収入（説明変数）が変化したときに床暖房普及率（被説明変数）は変化しない」

ことが示されることであり，回帰式の枠組みでは，回帰係数が0（$b = 0$）になるということ（仮説）を意味している。

$$Y = a + 0 \times X \tag{5.5}$$

したがって，データ（標本）によって推定値が異なったとしても，少なくとも$b = 0$なのか，それとも$b \neq 0$なのかを判断する必要がある。そのための統計量が，**t統計量**である。なお，「回帰係数が0」かどうかを判断するt統計量のことを**t値**とよぶ [12]。

　t統計量を用いた大まかな判断の仕方としては，t統計量の絶対値が2より大きい場合（t統計量＜−2または2＜t統計量; t統計量が−2よりも小さいか2よりも大きい場合）は，回帰係数bは0ではない，と判断できることが知られており，想定した因果関係が間違っていないことになる。逆に，t統計量の絶対値が2より小さい場合（−2＜t統計量＜2；t統計量が−2から2までの間にある場合）は，回帰係数bは0の可能性があり，したがって想定した因果関係が間違っている可能性があると判断することになる。

　（5.4）式の回帰係数0.005に対するt統計量を求めると，3.830が得られる。この値は，

---

[11] 図5.1のデータを一部変更し，仮想的に異なるデータ分布を示したものである。

[12] 一般に，データを用いて仮説（理論）の正誤を確かめる方法を仮説検定という。回帰分析では，通常，帰無仮説を$b = 0$，対立仮説を$b \neq 0$として，t統計量（t値）により仮説検定を行う。

2よりも大きな値であるので，回帰係数 b は0ではなく，想定した因果関係は間違っていないと判断できる。

　ここで注意が必要なのは，t 統計量の絶対値が 2 より大きい場合に，「想定した因果関係が正しい」，という判断は出来ないことである。回帰分析では，想定した「因果関係が間違っていない」ことは確認できるが，「因果関係が正しい」ことは確認できない。データから「因果関係が正しい」ことを示すことは非常に難しく本書の範囲を超えるので説明は差し控える。興味がある学生は，〈参考 5.2〉に挙げた「因果推論」に関連する書籍を読むことを勧める。

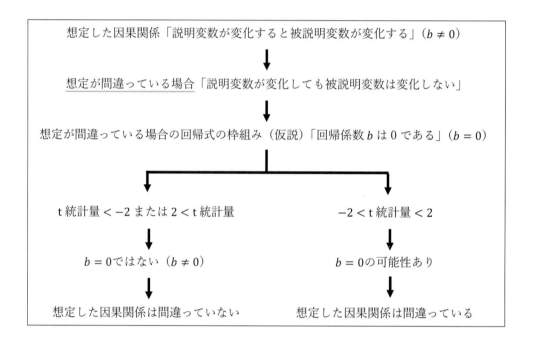

図 5.6　t 統計量による判断のプロセス

（4）理論値（予測値）

　先述の（5.4）式のような回帰式が得られた時，X として任意の値を代入すれば，Y の値を求めることができる。このような操作を，**理論値**（または**予測値**）を求める，という。理論値は，推定値を基に算出されるため，推定値の時と同様にハット（＾）記号を用いて（5.6）式のように示される。

$$\hat{Y} = \hat{a} + \hat{b}X \tag{5.6}$$

実際に観測された X の値を代入しても，Y の理論値は Y の観測値とズレが出ている可能性がある。このズレの部分（$Y - \hat{Y}$）を**残差**と呼ぶ。

(5) 回帰係数の解釈

b（傾き，回帰係数）の推定値が正の値であることは，原因となる変数（説明変数）の値が大きくなると，結果となる変数（被説明変数）の値も大きくなることを意味している。当然，b の推定値が負の値の時もあり，その場合には説明変数の値が大きくなると，被説明変数の値が小さくなることを意味する。

回帰直線が（5.4）式である時，b の推定値は 0.005 であり，正の値であることから，年間収入が増えるほど床暖房普及率が増えることを意味している。この結果は，因果関係を想定した際の考え方と整合的である。推定値の符号が想定した符号と一致しない場合は回帰分析の結果をどのように解釈するべきなのかについて様々な検討が必要になってくる。その意味で解釈が難しくなる。

また，回帰係数の推定値は，原因となる変数（説明変数）が 1 単位増加したとき，結果となる変数（被説明変数）がどれぐらい変化（正の値であれば増加，負の値であれば減少）するのかを表している。(5.4) 式の回帰係数 0.005 からは，年間収入が 1 単位（つまり，1000円）増えたときに，床暖房普及率が 0.005％増加することがわかる。

【例題 5.1】

2014 年の都道府県別の「年間収入（千円）」および「床暖房普及率（％）」のデータを用いて，以下の設問に答えなさい（データの出典は付録 5.1）。なお，小数の表示桁数は，図 5.7 を参考にすること。

(1) 年間収入を X 軸，床暖房普及率を Y 軸として，散布図を作成しなさい（既出の図 5.1）。また，Excel の関数を用いて相関係数を求めなさい。

(2) 年間収入を X，床暖房普及率を Y としたとき，回帰式 $Y = a + bX$ を求めなさい（図 5.7）。

(3) (2) で求めた回帰結果に基づいて，決定係数の値を示し，その意味を述べなさい。

(4) (2) で求めた回帰結果に基づいて，回帰係数に関する t 統計量を示し，その意味を述

べなさい。

（5）（2）で求めた回帰結果に基づいて，年間収入の各データに対する床暖房普及率の理論値を求め，（1）の散布図内に推定された回帰直線を描きなさい（既出の図 5.2）。また，残差を求めなさい。

（6）（2）で求めた回帰結果に基づいて，年間収入が 6500（千円）のときの床暖房普及率の予測値を求めなさい（図 5.7）。

（7）（2）で求めた回帰結果に基づいて，年間収入が 1000 円増加したときの，床暖房普及率の増減分を求めなさい。また，年間収入が 5000 円増加したときの，床暖房普及率の増減分を求めなさい（図 5.7）。

	A	B	C	D	E	F	G	H	I
1	都道府県	年間収入（千円）	床暖房普及率（％）	理論値	残差				
2	北海道	4629	16.0	4.32	11.68		相関係数	0.50	
3	青森県	4462	8.0	3.50	4.50		回帰結果		
4	岩手県	4998	4.9	6.14	-1.24		概要		
5	宮城県	5063	5.1	6.46	-1.36				
6	秋田県	5158	12.7	6.93	5.77		回帰統計		
7	山形県	6039	3.7	11.27	-7.57		重相関 R	0.496	
26	滋賀県	5807	17.7	10.13	7.57				
27	京都府	5024	11.6	6.27	5.33		回帰式		
28	大阪府	4973	16.3	6.02	10.28		Y=-18.490+0.005X		
29	兵庫県	5240	13.9	7.34	6.56				
30	奈良県	5479	11.0	8.51	2.49		X=6500のときの予測値		
31	和歌山県	4801	7.1	5.17	1.93		13.546		
32	鳥取県	5170	2.6	6.99	-4.39				
33	島根県	5178	2.1	7.03	-4.93		Xが1000円増加したときのYの増減分		
34	岡山県	5150	4.5	6.89	-2.39		0.005		
35	広島県	5013	3.7	6.22	-2.52				
36	山口県	4762	1.9	4.98	-3.08		Xが5000円増加したときのYの増減分		
37	徳島県	5053	3.7	6.41	-2.71		0.025		

図 5.7　例題 5.1 のデータの配列（一部抜粋）と回帰結果の一部

操作 5.1　散布図の作成

① 操作 4.11 を参考に，B2 セルから C48 セルを範囲指定してから，散布図を描く（既出の図 5.1 が得られる）。横軸のどこでもよいので数字の上をダブルクリックし，[軸の書式設定]–[軸のオプション]–[最小値]の欄に 3000 と入力し Enter キーを押す（操作 1.17）。

② 操作 4.13 を参考に，[=CORREL(B2:B48,C2:C48)]と入力し相関係数を求める。小数の桁数を調整すれば図 5.7 のように 0.5 という値が得られる。

操作 5.2　分析ツールの利用（単回帰分析）

① ［データタブ］-［分析グループ］-［データ分析］をクリックする（図 5.8）（［データ分析］が表示されない場合には，〈参考 4.2〉を参照のこと）。

② ［データ分析］ウィンドウの［回帰分析］を選択し，OK をクリック（図 5.9）。

③ ［回帰分析］ウィンドウについて，図 5.10 を参考に，表 5.1 の 4 点を指定して OK をクリックする。なお，データに空欄（欠測）があると結果が出力されないので注意する。

図 5.8　単回帰分析の操作手順

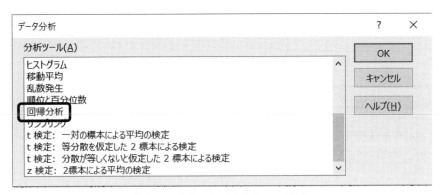

図 5.9　［データ分析］ウィンドウ

入力箇所	入力例	説明
入力 Y 範囲（Y）	[$C$1:$C$48]	結果となる変数（被説明変数）の列を指定
入力 X 範囲（X）	[$B$1:$B$48]	原因となる変数（説明変数）の列を指定
［ラベル］	チェックを入れる	Y範囲とX範囲の一行目が変数名の場合にチェック
出力先オプション	［一覧の出力先］として，G4 セルをクリックで選択	回帰の出力結果表の左上端となるセル（空いているセル）を指定

表 5.1　Excel での［回帰分析］ウィンドウ内の指定例

図 5.10　[回帰分析]ウィンドウの入力例

	G	H	I	J	K	L	M
4	概要						
5							
6		回帰統計					
7	重相関 R	0.496		決定係数			
8	重決定 R2	0.246					
9	補正 R2	0.229					
10	標準誤差	4.726					
11	観測数	47					
12							
13	分散分析表						
14		自由度	変動	分散	観測され…分散比	有意 F	
15			32…		定数項と回帰係数の推定値		
16			100…		に対する t 統計量		
17	合計	46	1332.705				
18							
19		係数	標準誤差	t	P-値	下限 95%	上限 95%
20	切片	-18.490	6.766	-2.733	0.009	-32.118	-4.861
21	年間収入（千円	0.005	0.001	3.830	0.000	0.002	0.008

図 5.11　[データ分析]の回帰分析の結果

④ 出力結果の図 5.11 には，3 つの表が出力されている。一番下に出力された表にある「係数」の列には，単回帰分析における a（定数項）の推定値と b（傾き，回帰係数）の推定値が，それぞれ H20 セル（−18.49）と H21 セル（0.005）に示されている。したがって，回帰直線は（5.7）式になる。

$$Y = -18.49 + 0.005\,X \tag{5.7}$$

⑤ 決定係数は，図 5.11 の一番上の表にある「重決定 R2」の H8 セルに出力されている。また，b の推定値に対する t 統計量は，一番下の表にある「t」の列の J21 セルに算出されている。これらの値の意味は，5.1 節（2）および（3）の説明を確認すること。

操作 5.3 回帰直線のグラフへの追加

① 散布図に，操作 5.2 で得られた回帰式に基づいて回帰直線を追加するために，D 列に Y（床暖房普及率）の理論値を計算する。以下のように入力し，オートフィルで下までコピーする（図 5.12）。

床暖房普及率 Y の理論値（D2）：[=\$H\$20+\$H\$21*B2]

	B	C	D	E	F	G	H
1	年間収入（千円）	床暖房普及率（%）	理論値	残差			
2	4629	16.0	=\$H\$20+\$H\$21*B2	=C2-D2		相関係数	0.50
3	4462	8.0					
4	4998	4.9				概要	
18	5734	5.4					
19	6285	4.8					係数
20	5650	8.7				切片	-18.490
21	5409	8.2				年間収入（千円）	0.005

図 5.12 理論値と残差の計算方法

② 操作 1.14 を参考に，図 5.1 上で右クリックし，[データの選択]をクリックする。次に，[データソースの選択]ウィンドウから，[凡例項目（系列）]の[追加]をクリックし，[系列名]は D1 セル，系列 X の値として[\$B\$2:\$B48]，系列 Y の値として[\$D\$2:\$D\$48]を指定する。

③ マーカーが追加されるので，追加されたマーカー上をダブルクリックし，[データ系列の書式設定]のウィンドウで，[線（単色）]をクリックし，[マーカー]は[なし]をクリックする。操作 1.11 を参考に，凡例を追加すれば，既出の図 5.2 が得られる。

④ 残差として[観測値－理論値]を計算するために，以下のように入力しオートフィルで下までコピーする。コピーした際に，負の値がカッコ囲みの赤字で示される場合には，参考 1.7 を参照のこと。

残差（E2）：[=C2－D2]

操作 5.4　予測値の計算

① 出力結果にある a と b の推定値をもとに，G31 セルに，[=H20+H21*6500]と入力する（図 5.13）。

操作 5.5　回帰係数の解釈

① X が1000円（1単位）増加したときは，Y の増減分は出力結果にある b の推定値となるので，[=H21]とする。

② X が5000円（5単位）増加したときは，①の5倍となるので，[=H21*5]と入力する（図 5.13）。

	F	G	H	I
18				
19			係数	標準誤差
20		切片	-18.490	6.766
21		年間収入（千円	0.005	0.001
22				
23				
24				
25				
26				
27		回帰式		
28		Y=-18.490+0.005X		
29				
30		X=6500のときの予測値		
31		=H20+H21*6500		
32				
33		Xが1000円増加したときのYの増減分		
34		=H21		
35				
36		Xが5000円増加したときのYの増減分		
37		=H21*5		

図 5.13　予測値と回帰係数の解釈のための計算方法

〈参考 5.1〉散布図のグラフ機能を用いた単回帰分析

単回帰直線を求める方法として，操作 5.2（分析ツール）以外にも，以下のような操作 5.6 を用いることで a（定数項）と b（傾き，回帰係数）を求めることができる。ただし，この方法が利用できるのは単回帰分析において回帰直線を求める場合に限られ（すなわち 5.2 節の重回帰分析には利用できない），また，t 統計量は算出されないので，本格的な回帰分析のためには操作 5.2 を用いる必要がある。

操作 5.6　散布図のグラフ機能を用いた単回帰分析

① 操作 5.1 で作成した散布図（図 5.1）をクリック（アクティブに）する。

② グラフツールの[デザインタブ]を選択し，[グラフ要素を追加]−[近似曲線]−[その他の近似曲線オプション]を選択する（図 5.14（a））。

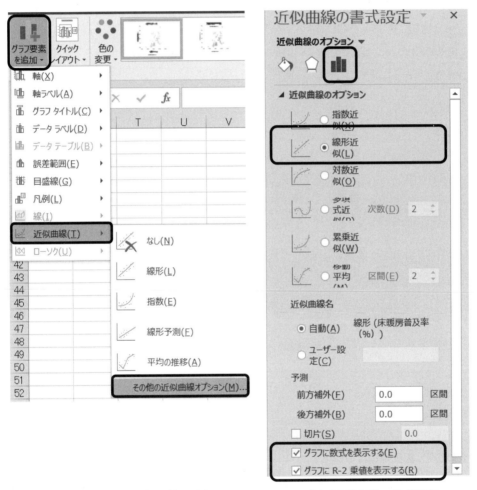

（a）散布図への近似曲線の追加　　　（b）近似曲線の書式設定

図 5.14　近似曲線の追加

③ Excel 画面の右側に表示される[近似曲線の書式設定]ウィンドウにおいて，図 5.14（b）を参考に下記のように近似曲線のオプションを設定する。

111

・[線形近似]を選択

・[グラフに数式を表示する]にチェック

・[グラフに R-2 乗値を表示する]にチェック

④　散布図に線形の近似曲線と数式および R^2 の値が表示される（図 5.15）。ここに掲載されている数式が回帰直線であり，a（定数項）と b（傾き，回帰係数）の推定値が得られている。また，$R^2 = 0.2458$ と表示されているものが決定係数を意味する。この式（小数第 4 位を四捨五入した場合）や R^2 の値が，例題 5.1 の結果と一致していることを確認しておこう。

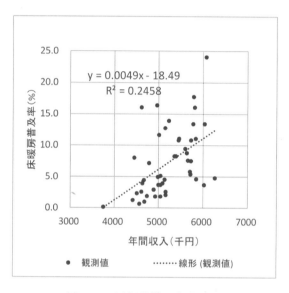

図 5.15　近似曲線の書式設定

〈参考 5.2〉因果推論について

　データから因果関係を見つける「因果推論」と呼ばれ方法が近年重要視されている。因果推論を理解するためには，統計学や計量経済学の知識が不可欠であるが，比較的読みやすい書籍として中室牧子氏と津川友介氏の『「原因と結果」の経済学―――データから真実を見抜く思考法』（ダイヤモンド社）と伊藤公一郎氏の『データ分析の力 因果関係に迫る思考法』（光文社新書）がある。

【練習問題 5.1】

都道府県別の「平均気温（℃）」（1981 年～2010 年の平年値）および 2014 年の「床暖房普及率（%）」のデータを用いて，以下の設問に答えなさい（データの出典は付録 5.1）。

(1) 平均気温を X 軸，床暖房普及率を Y 軸として，散布図を作成しなさい。また，Excel の関数を用いて相関係数を求めなさい。

(2) 平均気温を X，床暖房普及率を Y としたとき，回帰式 $Y = a + bX$ を推定しなさい。

(3)（2）で求めた回帰結果に基づいて，決定係数の値を示し，その意味を述べなさい。

(4)（2）で求めた回帰結果に基づいて，回帰係数に関する t 統計量を示し，その意味を述べなさい。

(5)（2）で求めた回帰結果に基づいて，平均気温の各データに対する床暖房普及率の理論値を求め，(1)の散布図内に推定された回帰直線を描きなさい。また，残差を求めなさい。

(6)（2）で求めた回帰結果に基づいて，平均気温が 20（℃）のときの床暖房普及率の予測値を求めなさい。

(7)（2）で求めた回帰結果に基づいて，平均気温が 1℃増加したときの，床暖房普及率の増減分を求めなさい。また，平均気温が 3℃増加したときの，床暖房普及率の増減分を求めなさい。

(8) 例題 5.1 の回帰結果と本問の回帰結果の決定係数の値を比較して，どちらの変数を用いたほうが適合の度合いが高いか述べなさい。

	A	B	C	D	E
1	都道府県	平均気温（℃）	床暖房普及率（%）	理論値	残差
2	北海道	8.9	16.0		
3	青森県	10.4	8.0		
4	岩手県	10.2	4.9		
5	宮城県	12.4	5.1		

図 5.16　練習問題 5.1 のデータの配列（一部抜粋）

【練習問題 5.2】

都道府県別の「自動車普及率（%）」（2014 年）および「人口（千人）」（2015 年）のデータを用いて，以下の設問に答えなさい（データの出典は付録 5.1）。

(1) 人口を X 軸，自動車普及率を Y 軸として，散布図を作成しなさい。また，Excel の関

数を用いて相関係数を求めなさい。

(2) 人口を X，自動車普及率を Y としたとき，回帰式 $Y = a + bX$ を推定しなさい。

(3)（2）で求めた回帰結果に基づいて，決定係数の値を示し，その意味を述べなさい。

(4)（2）で求めた回帰結果に基づいて，回帰係数に関する t 統計量を示し，その意味を述べなさい。

(5)（2）で求めた回帰結果に基づいて，人口の各データに対する自動車普及率の理論値を求め，（1）の散布図内に推定された回帰直線を描きなさい。また，残差を求めなさい。

(6)（2）で求めた回帰結果に基づいて，人口が 8000（千人）のときの自動車普及率の予測値を求めなさい。

(7)（2）で求めた回帰結果に基づいて，人口が 1000 人増加したときの，自動車普及率の増減分を求めなさい。また，人口が 6000 人増加したときの，自動車普及率の増減分を求めなさい。

	A	B	C	D	E
1	都道府県	人口 （千人）	自動車普及率 （%）	理論値	残差
2	北海道	5382	77.0		
3	青森県	1308	82.9		
4	岩手県	1280	81.3		
5	宮城県	2334	79.8		

図 5.17　練習問題 5.2 のデータの配列（一部抜粋）

5.2 重回帰分析

例題 5.1 では，「床暖房普及率」という結果となる変数（以下，被説明変数）に対して，「年間収入」という 1 つの原因となる変数（以下，説明変数）で説明していた。しかしながら，床暖房普及率に影響を与える変数としては，年間収入以外の他の要因も考えられる。たとえば，「平均気温」に着目すれば，平均気温が変化すれば床暖房普及率は変化することが想定されるが，床暖房普及率が変化することで平均気温が変化するとは考えにくい。そこで，床暖房普及率という被説明変数に対して，年間収入と平均気温という 2 つの説明変数で説明するための回帰方程式を考えていくことにする。

（1）重回帰分析

　5.1 節では，1つの説明変数で被説明変数を説明する単回帰分析を学習した。本節では，2つ（以上）の説明変数（原因となる変数）で被説明変数（結果となる変数）を説明するための**重回帰分析**を学習する。重回帰分析では，説明変数の数は増えるが，基本的な考え方は単回帰分析と同様である。被説明変数と説明変数を以下のように記号で表示すると，回帰方程式[13]は（5.8）式のように書くことができる。なお，説明変数の数が増えた場合には，回帰係数×説明変数を追加していけばよいことになる。

- ・被説明変数（Y）：床暖房普及率
- ・1つめの説明変数（X）：年間収入
- ・2つめの説明変数（Z）：平均気温

$$Y = a + b_1 X + b_2 Z \tag{5.8}$$

　（5.8）式では説明変数を2つ用いているが，それでも2つの説明変数の変動だけで被説明変数（実際のデータ）の変動をすべて説明することができないことが通常である（3つ以上に説明変数を増やしても，現実に観測される値を説明変数のみで説明できることはほとんどない）。単回帰分析と同様に，被説明変数の変動のうち，説明変数の変動では説明できない要因を**誤差項**として v_i（i はケースの番号）で表すと下記のように書くことができる。ここで，Y は回帰方程式上の値を表し，Y_i は観測値を表していることに注意すること。

$$Y_i = a + b_1 X_i + b_2 Z_i + v_i \tag{5.9}$$

　単回帰分析と同様に，（5.8）式や（5.9）式における，a（定数項）および b_1，b_2（2つの回帰係数）を求めることを推定と呼ぶ（5.1 節（1）参照）。上記のデータに対して推定を行うと，a の推定値として $\hat{a} = -10.433$，b_1 の推定値として $\hat{b}_1 = 0.004$，b_2 の推定値として $\hat{b}_2 = -0.358$ が得られ，これらの推定値を代入した回帰方程式は（5.10）式となる（例題 5.2 で算出）。

$$Y = -10.433 + 0.004\, X - 0.358\, Z \tag{5.10}$$

---

[13] 単回帰分析の場合，回帰方程式は直線になっていたので回帰直線と呼んでいた。重回帰分析の場合，直線とは限らないので回帰方程式と呼ぶことにする。

（2）修正済み決定係数

　データを利用して求めた回帰方程式が，そのデータをどの程度説明できているか（回帰方程式のデータへの適合の程度），を考えるときには，重回帰分析においても決定係数を確認することになる。ただし，単回帰分析では決定係数を用いるが，重回帰分析ではこの決定係数を一部修正した**修正済み決定係数**を用いる。

　修正済み決定係数の読み方は単回帰分析での決定係数と同様であり，修正済み決定係数の値が 1 に近くなるにつれて，回帰方程式がデータを説明する程度が大きくなり，0 に近くなるにつれて [14]，回帰方程式がデータを説明する程度が小さくなる，と考える。したがって，修正済み決定係数についても大きい方が望ましい。ただし，予測を目的としている場合を除いて，決定係数が小さいからといって回帰直線の意味が無い，と考えるのは単回帰分析の時と同様に正しくないので注意すること。

（3）t 統計量

　最後に，重回帰分析をおこなう際に想定した因果関係について検討しておく。(5.10) 式の回帰方程式は，年間収入（1 つめの説明変数）および平均気温（2 つめの説明変数）が変化すると床暖房普及率（被説明変数）が変化する，という因果関係を想定して分析をおこなった結果である。これらの想定が「間違っている」かどうかは，単回帰分析と同様の方法で考察することができる。想定した因果関係が間違っている場合と，それを回帰方程式の枠組みで書き直した表現などをまとめると，表 5.2 のように整理することができる。

	想定した因果関係が間違っている場合（仮説）		データから推定された回帰係数と t 統計量
	文章での表現	回帰方程式での枠組み	
（ⅰ）	年間収入（説明変数）が変化したときに床暖房普及率（被説明変数）が変化しない	$b_1 = 0$	b_1 の推定値: 0.004 t 統計量: 3.273
（ⅱ）	平均気温（説明変数）が変化したときに床暖房普及率（被説明変数）が変化しない	$b_2 = 0$	b_2 の推定値: -0.358 t 統計量: -1.161

表 5.2　t 統計量を用いた因果関係の判定

---

[14] マイナスの値をとる可能性もある。

これらの仮説が間違っているかどうかは，5.1 節と同様に **t 統計量**の値を用いて，この絶対値が 2 よりも大きいかどうかにより判断することができる。すなわち，t 統計量の絶対値が 2 よりも大きい場合（t 統計量 < −2 または 2 < t 統計量）には，上記の仮説が間違っていると判断され，t 統計量の絶対値が 2 よりも小さい場合（−2 < t 統計量 < 2）には，上記仮説が間違っていないことになる。

b_1 の推定値に対する t 統計量は 3.273 であり，2 よりも大きな値であることから，$b_1 = 0$ という仮説は誤りであり，（ⅰ）での「年間収入が変化したときに床暖房普及率が変化しない」という仮説は否定できる。つまり $b_1 \neq 0$ と判断できる。この結果から，「年間収入は床暖房普及率に影響を与えている」と判断することになる。

しかしながら，b_2 の推定値に対する t 統計量は −1.161 であり，−2 と 2 の間に含まれるため，$b_2 = 0$ という仮説，すなわち（ⅱ）での「平均気温が変化したときに床暖房普及率が変化しない」という仮説は否定できない。つまり，推定値は $\hat{b}_2 = -0.358$ であり 0 という値ではないが，この推定値に対する t 統計量からは $b_2 = 0$ となる可能性が残っていることが示唆され，結果として「平均気温は床暖房普及率に影響を与えていない」と判断することになる。

（4）回帰係数の解釈

5.1 節において年間収入のみを説明変数として導入した，単回帰分析の結果の（5.4）式と比較しながら，重回帰分析で得られた回帰係数に関する解釈の方法について考えてみよう。

$$Y = -10.433 + 0.004\,X - 0.358\,Z \qquad\qquad (5.10)再掲$$

$$Y = -18.49 + 0.005\,X \qquad\qquad (5.4)再掲$$

まず，b_1（年間収入の回帰係数）の推定値は 0.004 である。単回帰分析の結果と同様に，正の値になっていることから，平均気温が一定であるとき，年間収入が増えるほど床暖房普及率が増えることを意味している。次に，b_2（平均気温の回帰係数）の推定値は −0.358 である。この値が負であることは，年間収入が一定であるとき，平均気温が高くなるほど床暖房普及率が減少することを意味している。これらの結果は，因果関係を想定した際の考え方と整合的である。ただし，単回帰分析と同様に，推定値の符号が想定した符号と一致しない場合は回帰分析の結果の解釈が難しくなる。

重回帰分析では複数の要因をまとめて導入しているため，回帰係数の解釈の際には，単回帰分析と異なる点に注意が必要である。たとえば，年間収入が与える影響に着目すると，単回帰分析の (5.4) 式からは「年間収入が 1 単位（つまり，1000 円）増えたときに，床暖房普及率が 0.005%増加する」と解釈できた。これに対して，重回帰分析の (5.10) 式からは「平均気温を一定にコントロールし，年間収入だけが 1 単位（つまり，1000 円）増えたときに，床暖房普及率が 0.004%増加する」と解釈できる。単回帰分析では平均気温の影響を全く考慮していないが，重回帰分析では平均気温の影響を一定と仮定したうえで年間収入だけが変化したときの効果を分析していることになる。この 2 つの違いは極めて重要である。

【例題 5.2】

都道府県別の「床暖房普及率（%）」，「年間収入（千円）」（ともに 2014 年），および「平均気温（℃）」（1981 年〜2010 年の平年値）のデータを用いて以下の設問に答えなさい（データの出典は付録 5.1）。

(1) 3 変数の相関行列を求めなさい（図 5.18 (b)）。

(2) 年間収入が増加すれば床暖房普及率が増加する，平均気温が低い地域の方が床暖房普及率は高くなるという 2 つの因果関係を想定したとき，これらの因果関係を同時に求めるための回帰方程式を求めなさい。

(3) (2) で求めた回帰結果に基づいて，修正済み決定係数（補正 R2）を求めなさい。

(4) (2) で求めた回帰結果に基づいて，想定した因果関係が間違っているかどうかを判断しなさい。

	A	B	C	D
1	都道府県	床暖房普及率（%）	年間収入（千円）	平均気温（℃）
2	北海道	16.0	4629	8.9
3	青森県	8.0	4462	10.4
4	岩手県	4.9	4998	10.2
5	宮城県	5.1	5063	12.4

	F	G	H	I
2		床暖房普及率（%）	年間収入（千円）	平均気温（℃）
3	床暖房普及率	1		
4	年間収入（千円）	0.50	1	
5	平均気温（℃）	-0.30	-0.32	1

（a）例題 5.2 のデータの配列（一部抜粋）　　（b）相関行列

図 5.18

操作 5.7　分析ツールの利用（相関）

① 複数の変数間の相関を求める場合には，操作 4.15 を参考に，分析ツールから相関を算出する（図 5.18（b）が得られる）。

操作 5.8　分析ツールの利用（重回帰分析）

① 操作 5.2 と同様に，[データタブ]−[分析グループ]−[データ分析]をクリックする。[データ分析]ウィンドウの[回帰分析]を選択し，OK をクリック。

② [回帰分析]ウィンドウにおいて，表 5.3 の 4 箇所を指定する。ただし，重回帰分析では，[入力 X 範囲]として指定する説明変数の入力範囲は，図 5.19 のように連続した列として用意しておく必要があり，またデータの個数も一致している必要がある。さらに，空欄（欠測値）が含まれていると結果が出力されないので注意すること。

入力箇所	入力例	説明
入力 Y 範囲（Y）	[$B$1:$B$48]	結果となる変数（被説明変数）の列を指定
入力 X 範囲（X）	[$C$1:$D$48]	原因となる変数（説明変数）の連続する複数列を指定
ラベル	チェックを入れる	Y 範囲と X 範囲の一行目が変数名の場合にチェック
出力先オプション	[一覧の出力先]として，F8 セルをクリックで選択	回帰の出力結果表の左上端となるセル（空いているセル）を指定

表 5.3　Excel での[回帰分析]ウィンドウ内の指定例

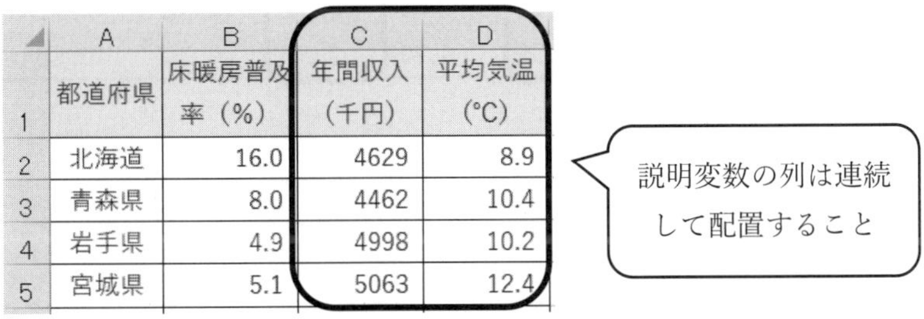

図 5.19　説明変数のデータの配列方法

119

③ 出力結果の図 5.20 には，単回帰分析と同様に 3 つの表が出力されている。一番下に出力された表には，重回帰分析における定数項と回帰係数の推定値が示されている。a（定数項）の推定値は G24 セルの値（−10.433）になり，b_1 の推定値は G25 セルの値（0.004），b_2 の推定値は G26 セルの値（−0.358）になる。したがって，回帰方程式は（5.11）式になる。

$$Y = -10.433 + 0.004\,X - 0.358\,Z \tag{5.11}$$

	F	G	H	I	J	K	L
8	概要						
9							
10		回帰統計					
11	重相関 R	0.518					
12	重決定 R2	0.268					
13	補正 R2	0.235		修正済み決定係数			
14	標準誤差	4.708					
15	観測数	47					
16							
17	分散分析表						
18		自由度	変動	分散	観測された分散比	有意 F	
19	回帰	2	357.480	178.740	8.064	0.001	
20	残差	44	975.225	22.164			
21	合計	46	1332.705				
22							
23		係数	標準誤差	t	P-値	下限 95%	上限 95%
24	切片	-10.433	9.674	-1.078	0.287	-29.929	9.063
25	年間収入（千円）	0.004	0.001	3.273	0.002	0.002	0.007
26	平均気温（℃）	-0.358	0.309	-1.161	0.252	-0.980	0.264

図 5.20　［データ分析]の回帰分析の結果

④ 修正済み決定係数は，図 5.20 の一番上の表にある「補正 R2」の G13 セルに出力されている。また，各推定値の t 統計量は一番下の表にある I25 セル，I26 セルに算出されている（3.273, −1.161）。これらの値の意味合いは，5.2 節（2）および（3）の説明を確認すること。

〈参考 5.3〉 t 統計量と P 値

　回帰係数が 0 であるかどうかを判断する際に利用する t 統計量(t 値)は, 自由度 n-(k+1) の t 分布に従うことが知られている。ここでの n はデータの数, k は説明変数の数である。また, t 分布は自由度の大きさによって形状が少しずつ変化することも知られている。したがって, 回帰係数が 0 の可能性があるかどうかを判断する基準として利用した「2」という数値は, データの数 (n) や説明変数の数 (k) などによって変わることになる。本章では, 簡便な方法として 2 を利用したが, レポートや論文で利用する際には, 統計学の教科書等に付録として掲載されている t 分布表などで正確な判断基準を利用する必要がある。

　また, 図 5.11 や図 5.20 にある回帰分析の結果表の t 統計量の右隣りに表示される「P-値」を用いて判断するケースもあり, 一般にはこの値が「0.05」よりも大きいかどうかで判断することがある。表 5.4 には, t 統計量を用いる場合と P 値を用いる場合との対応関係を整理しており, 前述のとおり t 統計量の「2」や「-2」は目安としての値であり自由度により変わりうるが, P 値は「0.05」を基準に判断していく[15]。

　なお, t 統計量や P 値のいずれにしても, その基本的な考え方は統計理論に沿ったものであり, 統計学や計量経済学の教科書で, 本章で学習した推定の方法・決定係数・回帰係数の判断の方法などの詳細についてしっかり学習することを強く推奨する。

回帰係数の仮説	t 統計量による判断	P 値による判断
$b = 0$ ではない ($b \neq 0$) 「想定した因果関係は間違っていない」	t 統計量 < -2 または $2 <$ t 統計量	P 値 ≤ 0.05
$b = 0$ の可能性あり 「想定した因果関係は間違っている」	$-2 <$ t 統計量 < 2	P 値 > 0.05

表 5.4　t 値または P 値での判断

---

[15] t 統計量や P 値での判断については, 2016 年にアメリカ統計協会 (American Statistical Association : ASA) から声明が出され, その使用や考え方について注意すべきであると述べている。
　https://amstat.tandfonline.com/doi/full/10.1080/00031305.2016.1154108#.Xhf1PyNUuUk%EF%BC%89 (参照日: 2020 年 1 月 11 日)
　また, 日本計量生物学会は, 以下のように ASA の声明を日本語訳した文書を発表している。
　www.biometrics.gr.jp/news/all/ASA.pdf (参照日: 2020 年 1 月 11 日)
　統計的なツールは便利ではあるが, 一方で, データに基づく判断の理論的根拠や考え方を理解せずに, 型にはまったやり方のみで判断してしまうと誤った結論に結び付く可能性があることに注意してほしい。

【練習問題5.3】

　都道府県別の「自動車普及率（%）」(2014年)，「年間収入（千円）」(2014年)，「面積（k㎡）」(2016年) および「人口（千人）」(2015年) のデータを用いて，以下の設問に答えなさい（データの出典は付録5.1）。

（1）4変数の相関係数を求めなさい。

（2）年間収入が多いほうが自動車普及率は高くなる，面積が広い地域の方が自動車普及率は高くなるという2つの因果関係を想定したとき（回帰モデル1とする），これらの因果関係を同時に求めるための回帰方程式を求めなさい。

（3）（2）で求めた回帰モデル1の回帰結果に基づいて，修正済み決定係数（補正R2）を求めなさい。

（4）（2）で求めた回帰モデル1の回帰結果に基づいて，想定した因果関係が間違っているかどうかを判断しなさい。

（5）人口が多い方が自動車普及率は高くなるという因果関係を，（2）の2つの因果関係に追加し，3つの因果関係を想定したとき（回帰モデル2とする），これらの因果関係を同時に求めるための回帰方程式を求めなさい。

（6）（5）で求めた回帰モデル2の回帰結果に基づいて，修正済み決定係数（補正R2）を求めなさい。

（7）（5）で求めた回帰モデル2の回帰結果に基づいて，想定した因果関係が間違っているかどうかを判断しなさい。

（8）回帰モデル1と回帰モデル2の結果を比較して気がついたことをまとめなさい。

	A	B	C	D	E
1	都道府県	自動車普及率（%）	年間収入（千円）	面積（k㎡）	人口（千人）
2	北海道	77.0	4629	83424	5382
3	青森県	82.9	4462	9646	1308
4	岩手県	81.3	4998	15275	1280
5	宮城県	79.8	5063	6859	2334

図5.21　練習問題5.3のデータの配列（一部抜粋）

【発展問題5】

　日本の金利であるコールレートが高くなると為替レートは低下する（円高になる）という因果関係と，アメリカの金利であるFF金利が高くなると為替レートは上昇する（円安になる）という因果関係を想定する。このとき，2001年から直近までの「為替レート（ドル円）」，「コールレート（年%）」，および「FF金利（年%）」の月次のデータを用いて，これらの因果関係を同時に求めるための回帰方程式および修正済み決定係数（補正R2）を求めなさい。また，回帰方程式について，想定した因果関係が間違っているかどうかを判断しなさい。なお，データは以下のサイトから取得しなさい。

■「為替レート（ドル円）」および「コールレート（年%）」の取得
・日本銀行 Web サイト（https://www.stat-search.boj.or.jp）にアクセス
　　⇒ 時系列統計データ内[主要時系列統計データ表]をクリック
　　　- [マーケット関連]をクリック
　　　- [為替相場（東京インターバンク相場）]の[月次]をクリックするとファイルがダウンロードされる
　　　⇒「為替相場（東京市場，ドル・円，スポット，中心相場/月中平均)」を利用
　　⇒ 時系列統計データ内[主要時系列統計データ表]をクリック
　　　- [マーケット関連]をクリック
　　　- [コールレート] - [月次]をクリックするとファイルがダウンロードされる
　　　⇒「コールレート（月次）（無担保コールレート・O／N　月平均／金利)」を利用

■「FF金利（年%）」の取得
・　Board　of　Governors　of　the　Federal　Reserve　System　Web　page，
　（https://www.federalreserve.gov)にアクセス
　　⇒ [Data]をクリック
　　　- [Data Download Program]をクリック
　　　- [Interest Rates]の[Selected Interest Rates（H.15）]をクリック
　　　- [Select a preformatted data package]の[Monthly Averages]にチェックを入れ，Format Package をクリック
　　　- [Choose a format for your data file]の[Dates]を2001年1月から直近まで指定し

Go To Download をクリック

- [Download File]をクリックするとファイルがダウンロードされる

⇒ Federal funds effective rate を利用

=== 発展問題 5 の解説 ===

　お金（資金）を借りると，借りたお金に加えて「利子」を支払う必要がある。この利子の割合のことを利子率または金利と呼んでいる，逆に考えれば，お金（資金）を貸すと貸したお金に加えて「利子」をもらえることになる。

　金融機関が相互に短期の資金を貸し借りするときの金利のことを，日本では「コールレート」，アメリカでは「FF 金利」（FF: Federal Funds）と呼ぶ。日本の金利であるコールレートの目標値は，日本銀行の政策委員会で決定されるものであり，日本の金融政策において重要な役割を担っている。同様に，アメリカにおける FF 金利の目標値は，連邦公開市場委員会で決定される。

　一般に，コールレートが高くなると，金融機関の間における資金の貸し借りの利率が上がることから，日本の銀行で預金をしたときに得られる利子も増えることになる。そのため，日本の銀行でお金を預けるために，日本円の需要が増えて（アメリカドルの需要が減って）円高になる傾向にある。

　逆に，アメリカの金利（FF 金利）が高くなると，アメリカの市場での金利が上がる傾向にある。そのため，アメリカの銀行でお金を預けた方が得なので，アメリカドルの需要が増えて（日本円の需要が減って）円安になる可能性が考えられる。これらの想定される関係が，実際のデータから実証されるかどうか，回帰分析を行って検討してみよう。

補論 A　Word による文書作成

　Microsoft Word はレポートや論文を書く場合に，一般によく用いられているアプリケーションである。このアプリケーションには，フォントの変更，図表や数式の挿入，ページ番号の挿入など数多くの便利な機能が組み込まれているので，それらの機能の操作方法を知っていれば誰でも簡単に文書の作成ができるようになる。以下では，Word を用いて文書を作成する際のポイントを，例題を通して学んでいく。

【例題 A. 1】

　文書例 A.1 には，Word を用いた文書の作成例が示されている。以下の操作手順に沿って作業を行い，文書例 A.1 と同様のレポートをレイアウトの条件に従って作成しなさい。

【レイアウトの条件】

1. 用紙は A4，文字数 40，行数 30 とし，1 ページに収める。
2. フッターの機能を使い，ページ番号を用紙の下部中央に入れる。
3. ヘッダーの機能を使い，作成日を右揃えで入れる。
4. タイトルは，14 ポイントで，中央揃えにする。
5. 各自の学籍番号と氏名を示し，右揃えにする。
6. 表と表タイトルは中央揃えにする。
7. 英数字は全て半角，カタカナは全て全角で入力する。

操作 A. 1　ファイルの保存

① 　Word を新規文書として起動した際には，新規ファイルの保存場所を指定する必要がある。まず，[ファイルタブ]–[名前を付けて保存]–[参照]をクリックする（図 A.1）。
② 　[名前を付けて保存]ウィンドウを開き，リムーバブルディスク（各自の USB メモリの名前）を選択する。ファイル名は「学籍番号_氏名_文書作成の練習.docx」として保存する。
③ 　保存後は，リムーバブルディスク（各自の USB メモリ）を開き，指定した場所にファイルが保存されているかを確認すること。

【文書例 A.1】

作成日△△△△年△月△日

文書作成の練習

学籍番号　氏名

(1)　文書入力の練習

例文 1　**学問の自由**は、これを保障する。

例文 2　すべて国民は、勤労の権利を有し、義務を負ふ。

例文 3　Academic freedom is guaranteed.

例文 4　All people shall have the right and the obligation to work.

例文 5　164 の国・地域が WTO に加盟している。

例文 6　１６４の国・地域がＷＴＯに加盟している。

例文 7　2016 年に、G7 伊勢志摩サミットが開催された。

例文 8　２０１６年に、Ｇ７伊勢志摩サミットが開催された。

(2)　表挿入の練習

表 1　西園寺公望の略歴

年代	年齢	出来事
1871 年	22 歳	フランスへ留学（1880 年に帰国）
1892 年	42 歳	第二次伊藤内閣にて文部大臣として初入閣
1906 年	56 歳	第一次西園寺内閣組閣

(3)　数式挿入の練習

$$\bar{x} = \frac{y + z}{2}$$

$$y = \sqrt{x}$$

1

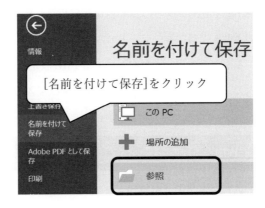

図 A.1　Word ファイルの保存

操作 A.2　ページレイアウトの設定

①　文字数や行数, 余白などのレイアウトの設定をする場合には, [レイアウトタブ]–[ページ設定グループ]の右下端の矢印ボタン (図 A.2) から[ページ設定]ウィンドウを開く。

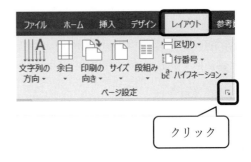

② 　[文字数と行数を指定する]にチェックを入れてから, 文字数を 40, 行数を 30 に変更する (図 A.3)。

図 A.2　文字数や行数の設定

図 A.3　文字数や行数の設定

操作 A.3　日本語文・英語文の打ち込み

① キーボードから，以下の日本語文や英語文を打ち込んでみよう[16]。日本語入力と英語入力の切り替えには，キーボードの左上にある 半角/全角|漢字 キーを用いる。切り替えられているかどうかは，画面右下にある IME 設定で確認でき，「あ」となっている場合は日本語入力，「A」となっている場合は半角英数字入力設定であることがわかる（図 A.4）[17]。

(a) 日本語入力が可能な状態　　　　　　　(b) 半角英数字入力が可能な状態

図 A.4　日本語入力と半角英数字入力（パソコン画面右下端の表示）

==================== 操作 A.3 の入力例 ====================

文書作成の練習

< 一行あける >

学籍番号　　氏名

< 一行あける >

(1)　文書入力の練習

例文 1　学問の自由は，これを保障する。

例文 2　すべて国民は，勤労の権利を有し，義務を負ふ。

例文 3　Academic freedom is guaranteed.

例文 4　All people shall have the right and the obligation to work.

==

② （）カッコや「」カッコの入力はそのまま（ または ）, 「 または 」が書かれたキーを打ち込む。また，『　』や【　】など，その他のカッコ記号を使用する場合には，日本語入力で　かっこ　と入力すると予測候補が表示されるので，その中から選択する。

③ 英語文の大文字入力，または「!」や「?」などの記号入力には，半角英数字入力モード

---

[16] 例文 1～4 は，日本国憲法の第 23 条，28 条より一部抜粋。

[17] 図 A.4 のパソコン画面の内容は，使用するパソコン等によって若干異なっている。

で $\boxed{\text{Shift}}$ キーを押しながら，該当のキーを押す。

④　入力すると，文字の下に赤い波線が表示されることがある。Word には，入力された文字に間違いがないかを自動で校正する機能があり，自動校正した結果として文字の下に赤い波線が現れる。もし英単語の下に赤い波線がある場合は，スペルミスの可能性があるのでその文字の上で右クリックすると修正候補が示されることがある。各自で入力内容を確認し入力ミスでなければ，赤い波線はそのままにしておいて問題ない。なお，例文 2 の「負ふ」の下に赤い波線があるのは，日本国憲法の原文で旧仮名使いが用いられているためであり，そのままにしておいて問題ない。

　　また，例えば「ポインタ」と「ポインター」を一つの文書内に入力すると，自動で青い二重線が表示されることがある。これは一つのファイル内で，使用する文字に揺らぎがある時に表示される。これも各自で入力内容を確認し，入力ミスでなければ，そのままにしておいて問題ない。これら赤い波線や青い二重線は，印刷機でプリントアウトする際には印刷されない。

⑤　直前の入力内容に戻したい場合には，Word 画面の左上にある[元に戻す]ボタン ↩ をクリックすると，元に戻すことができる。

操作 A.4　日本語入力における文字変換

①　レポートを作成する際には，英数字は半角，カタカナは全角で入力し，半角と全角の指定を使い分ける必要がある（つまり例文 5 と 7 が正しい例）。以下の英数字を含む文を入力しながら，全角と半角の違いを確認しよう。なお，日本語入力モードで，$\boxed{\text{Shift}}$ キーを押しながら英字の入力を行えば全角で大文字の英字が入力され，英数字入力モードで入力すれば半角で入力される。

=================　操作 A.4 の入力例　=================
例文 5　164 の国・地域が WTO に加盟している。　＜ 英数字のみ半角入力 ＞
例文 6　１６４の国・地域がＷＴＯに加盟している。　＜ 全て全角入力 ＞
例文 7　2016 年に、G7 伊勢志摩サミットが開催された。＜ 英数字のみ半角入力 ＞
例文 8　２０１６年に、Ｇ７伊勢志摩サミットが開催された。　＜ 全て全角入力 ＞

===

操作 A.5　フォントの変更

① 　フォントの形式を変更するには，変更したい文字列をドラッグで選択してから，[ホームタブ]‒[フォントグループ]の各種ボタン（図 A.5）を押すことで変更できる。表 A.1 を参考に，タイトルや例文を，さまざまなフォントの機能を使って変更してみよう。なお，Word のバージョンによって，標準フォントが「游明朝」，「MS 明朝」など異なることがあるが，タイトル以外の部分については各自の PC で設定されている標準フォントをそのまま用いてよい。

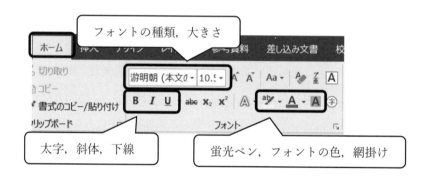

図 A.5　フォントの機能

フォントの機能	例文の変更内容
フォントの種類	タイトル「文書作成の練習」を MS ゴシックに
フォントの大きさ	タイトル「文書作成の練習」を 14 ポイントに
太字・斜体	例文 1「学問の自由」を太字に
下線	例文 2「勤労の権利を有し」に下線を
蛍光ペン	例文 2「義務を負ふ」を蛍光ペンで黄色に
フォントの色	例文 3「Academic freedom」を赤色に
フォントの網掛け	例文 4「the right and obligation to work」を網掛けに

表 A.1　フォントの機能と例文の変更内容

操作 A.6　文字列の配置指定

① 特定の文字列や図表を，文書内の中央や左右のいずれかに寄せる場合には，空白キーで調整するのではなく，変更したい文字列や図表を選択してから，[ホームタブ]–[段落グループ]の左揃え・中央揃え・右揃えボタンを押すことで変更できる（図 A.6）。タイトル「文書作成の練習」は中央揃え，「学籍番号　氏名」は右揃えにしてみよう。

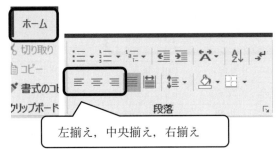

図 A.6　文字位置を揃える

操作 A.7　表の挿入と調整

① Word の機能で表を挿入する場合には，[挿入タブ]–[表グループ]から必要な行列数をドラッグで指定する（図 A.7a）。今回は，行数 4，列数 3 で指定し表を作成した後，表内の内容をそれぞれ入力する。

② 表中の行の高さや列の幅を変更したい時には，変更したい表上の枠にポインタを合わせ，ポインタが図 A.7b のマークに変わったら左右にドラッグすることで調整することができる。なお，これは無駄な余白がないように調整することを意図しているため，行高や列幅の厳密な指定はない。

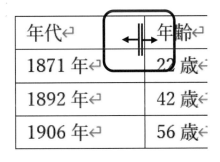

(a)　　表の挿入　　　　　　　(b)　　表の幅の調整時のポインタ

図 A.7　表の挿入と調整

③　操作 A.6 を参考にして，表タイトルを中央揃えにする。また，表全体を中央揃えにする場合には，図 A.8 のように，表の左上に出る黒十字の矢印ボタンをクリックして表全体を範囲選択してから，図 A.6 の中央揃えのボタンをクリックする。なお，表全体の幅の調整を行わないと，中央揃えをしても変化はない。これは中央揃えの機能を使う練習であるため，文字の位置などについての詳細な指定はなく，表タイトルと表が中央揃えとなっていれば問題ない。

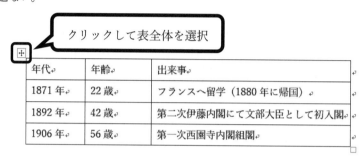

図 A.8　表の位置の調整

=================== 　操作 A.7 の入力例　 ===================

(2)　表挿入の練習

表 1　西園寺公望の略歴

年代	年齢	出来事
1871 年	22 歳	フランスへ留学（1880 年に帰国）
1892 年	42 歳	第二次伊藤内閣にて文部大臣として初入閣
1906 年	56 歳	第一次西園寺内閣組閣

==

操作 A.8　数式の挿入

①　文書に数式を挿入する場合には，半角英数字入力モードに切り替えてから入力を始める。[挿入タブ]–[記号と特殊文字グループ]から[数式]をクリック（図 A.9）すると各種数式の入力形式が表示される。日本語入力モードのまま入力を始めると，図 A.11 (b) のように形式が崩れてしまうので，必ず半角英数字モードに切り替えてから入力を始めることに注意する。

==================　　操作 A.8 の入力例　　==================

(3)　数式挿入の練習

$$\bar{x} = \frac{y+z}{2}$$

$$y = \sqrt{x}$$

==

②　数式が挿入されると，[数式ツール]–[デザインタブ]が表示されるので，[構造グループ]の必要な記号をクリックで指定していく（図 A.10）。なお，数式をクリックすると右端に表示されるプルダウンをクリックすることで，数式に関する様々な変更が可能となる。たとえば，数式のみを 1 行に示す場合には「独立数式」，文中に示す場合には「文中数式」に指定する。操作 A.8 の入力例は，独立数式の例である。

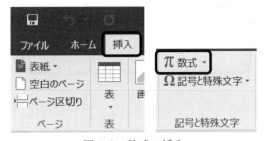

図 A.9　数式の挿入

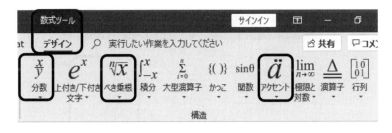

図 A.10　様々な数式記号の入力

$$\bar{x} = \frac{y+z}{2}$$

(a) 半角英数字入力

$$\overline{}\; x = \frac{y + z}{2}$$

(b) 日本語入力（ダメな例）

図 A.11　入力モードによる違い

操作 A.9　ページ番号の挿入

① 　用紙の余白部分にページ番号を挿入する場合には，ヘッダーやフッターの機能を使う。[挿入タブ]–[ヘッダーとフッターグループ]–[ページ番号]–[ページの下部] をクリックし，ページ番号を入れる位置を中央に指定する（図 A.12）。指定し終えたら，[ヘッダー/フッターツールタブ]の右端にある[ヘッダーとフッターを閉じる]ボタンを押して終了する（図 A.13）。

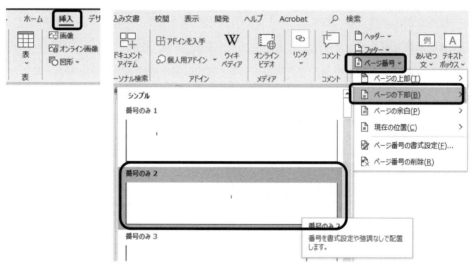

図 A.12　ページ番号の追加

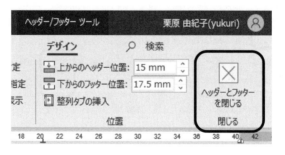

図 A.13　ヘッダーとフッターを閉じる

② 　ヘッダーに作成日等を挿入する場合には，[挿入タブ]–[ヘッダーとフッターグループ]–[ヘッダー]–[空白]をクリックすれば，編集可能となる。ヘッダーには作成日を入力し，操作 A.6 を参考にして右揃えに配置する。指定し終えたら，[ヘッダー/フッターツールタ

ブ]の右端にある[ヘッダーとフッターを閉じる]ボタンを押して終了する（図 A.13）。文書が複数ページにわたったとき，2 ページ目以降にも余白部分に同じ情報が表示されていることを確認しよう。

操作 A.10　印刷レイアウトの設定

① 文書を印刷する場合には，［ファイルタブ］-［印刷］から，用紙サイズ等を指定する（図 A.15）。プレビュー画面で，タイトルが中央揃えにされているか，学籍番号と氏名が書かれているか，ページ番号が挿入されているか，などを確認してから印刷すること。

図 A.14　ファイルタブ

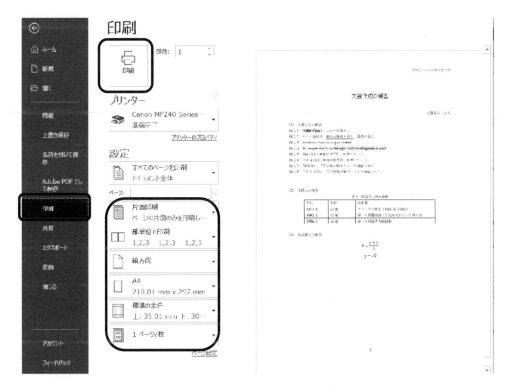

図 A.15　印刷レイアウトの設定

135

<参考 A.1> ファンクションキーを利用した文字変換

　日本語入力モードで英数字を入力したあとに，全角/半角を変更する場合にはファンクションキー（キーボードの一番上の F7 から F10 までのキー）を用いることもできる。日本語入力モードで「１６４」と打ち込み，F10 キーを打つと，半角の「164」に変換される。表 A.2 のファンクションキーと変換される文字形式の対応関係を参照しつつ，練習してみよう。

ファンクションキー	変換される文字形式
F7	全角カタカナ
F8	半角カタカナ
F9	全角英数字
F10	半角英数字

表 A.2　ファンクションキーによる文字変換

【練習問題 A.1】

　文書例 A.2 には，2008 年から 2012 年までの世界経済の動向に関する文書例が示されている。以下のレイアウトの条件に従って，文書例 A.2 と同様のレポートを作成しなさい。なお，Word の設定等により文字の改行位置などが異なることがあるが，以下のレイアウト条件に従っていれば，文字の改行位置や(出所)の文字位置などが多少ずれていても問題ない。

　【レイアウトの条件】

　　1. 用紙は A4，文字数 40，行数 30 とし，1 ページに収める。

　　2. フッターの機能を使い，ページ番号を用紙の下部中央に入れる。

　　3. ヘッダーの機能を使い，「練習問題 A.1」と作成日を右揃えで入れる。

　　4. タイトルは，14 ポイントで，中央揃えにする。

　　5. 各自の学籍番号と氏名を示し，右揃えにする。

　　6. 表と表タイトルは中央揃えにする。

　　7. 英数字は全て半角，カタカナは全て全角で入力する。

【文書例 A.2】

世界経済の動向

学籍番号　氏名

　近年、先進国の経済成長の伸びは鈍化しつつあるといわれている。本レポートでは、世界経済の動向を、先進国および新興国・発展途上国に区分し概観していく。

　表 1 には、2008 年から 2012 年までの経済成長率を示している。この表によれば、リーマンショックの影響により、2009 年にはいずれの地域も大幅に経済成長率が低下し、特に先進国ではマイナス成長となっている。その後、2010 年には景気の回復がみられたが、2012 年までに先進国、新興国・発展途上国ともに低下傾向にある。今後の世界経済の動向を見極めるためには、為替レートや国際貿易の動向、各国の景気局面など、さまざまな要因を注視していく必要がある。

表 1　世界の経済成長率の推移（単位: %）

地域	2008	2009	2010	2011	2012
先進国	2.1	-2.7	4.3	3.8	3.0
新興国・発展途上国	7.7	3.2	8.6	8.3	6.7

（出所）IMF Web サイト，World Economic Outlook Database より筆者作成。

[参考文献]

International Monetary Fund Web サイト，World Economic Outlook Database, April 2018，（http://www.imf.org）閲覧日: 2019 年 5 月 1 日

1

【発展問題 A.1】

　補論 B の文書例 B.3 を用いて，「脚注」や「目次」の設定，「コメント」の追加を行ってみよう。脚注とは文中の文字の右上に数字を付し，その文や用語に関する補足説明を文書の下部や文書の最後に示すことをいう。また，見出しの設定をすることで，クリックでその見出し箇所を表示させることができ，加えて自動でページ入りの目次を作成することができる。さらに，他の人と文章にコメントを入れてやり取りする場合には校閲のコメント機能が便利である。

操作 A.11　脚注の挿入と削除

①　たとえば，文書例 B.3 内の「普及率」の定義を脚注に示す場合には，脚注を挿入したい文字の右横をクリックし，カーソルがある状態にする。

==================　脚注を入れる箇所の指定　==================

> 脚注を追加する場所にカーソルを示す

1.　分析の背景と目的↵

　　近年，多くの世帯で床暖房が普及してきている。しかしながら，その普及率は地域によって異なり，冬季に寒さが厳しくなる北海道・東北地域や北陸地域のみで普及率が高いわけではなく，関東や西日本でも普及率の高い地域もある（図 1）。すなわち，床暖房普及率は気

==

②　図 A.16 のように[参考資料タブ]－[脚注の挿入]をクリックすると，文字の横に数字が入り，文書の下に脚注を書き込む欄ができるので（脚注の挿入結果），補足説明等の内容を入力する。

③　脚注を削除したい場合には，本文中の数字を削除する。

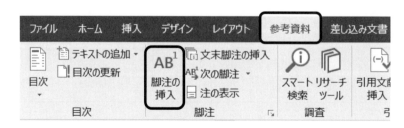

図 A.16　脚注の挿入

1. 分析の背景と目的

　近年，多くの世帯で床暖房が普及してきている。しかしながら，その普及率[1]は地域によって異なり，冬季に寒さが厳しくなる北海道・東北地域や北陸地域のみで普及率が高いわけではなく，関東や西日本でも普及率の高い地域もある（図1）。すなわち，床暖房普及率は

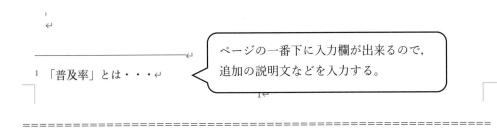

1　「普及率」とは・・・

> ページの一番下に入力欄が出来るので，追加の説明文などを入力する。

==

操作 A.12　見出しの設定と表示（目次作成の際に必要）

①　章タイトルや節タイトルなど，見出しにする箇所にカーソルがある状態（たとえば「1. 分析の背景と目的」の先頭にカーソルがある状態）にしてから，[ホームタブ]−[スタイルグループ]−[見出し1]をクリックすると（図A.17），見出しのフォントが変化し，見出しの先頭に黒い四角い点が表示される（見出しの指定結果）。黒い点は，見出しが設定済であることを示しているだけであり，印刷はされないので表示させたままにしておく。

　なお，章タイトルに加えて節タイトルがあるなど，より深い構造の見出しを設定する場合には，[見出し2]や[見出し3]を使うと入れ子構造で見出しを作成することができる。

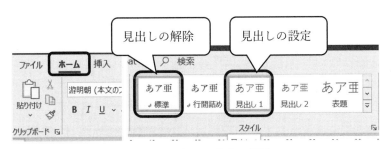

図 A.17　見出しの設定と解除

139

==================== 見出しの指定結果 ====================

床暖房の普及に関する規定要因について↵

↵

学籍番号△△△△　氏名△△△△↵

■1.　分析の背景と目的↵

> 見出しの指定が出来ると黒い点が表示される。

　　近年，多くの世帯で床暖房が普及してきている。しかしながら，その普及率[1]は地域によって異なり，冬季に寒さが厳しくなる北海道・東北地域や北陸地域のみで普及率が高いわけではなく，関東や西日本でも普及率の高い地域もある（図1）。すなわち，床暖房普及率は

…　途中省略　…

■2.　分析モデルとデータ↵

　　床暖房を導入する際には，高額な作業費用が必要となり，また，日々床暖房を使用するには電気代（またはガス代）が必要となることから，気温以外の要因としては収入が影響を及

==

② 　見出しの設定を解除する時は，解除したい見出しにカーソルがある状態にしてから，［ホームタブ］−［スタイルグループ］−［標準］をクリックする（図A.17）。

③ 　見出しを設定すると，見出しの一覧を左側に表示させ，クリックすると一瞬でその見出し箇所を表示させることができる。特に長い論文を書く際には便利な機能である。見出しの一覧を表示させる場合は，［表示タブ］−［ナビゲーションウィンドウ］（図A.18）をクリックすると，文書の左側に［ナビゲーション］ウィンドウが表示される（図A.19）。

図A.18　見出しの表示方法

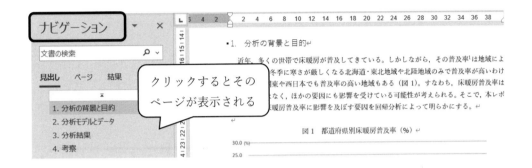

図 A.19　表示された見出し

操作 A.13　目次の挿入と修正

① 操作 A.12 で見出しの設定を終えてから，文書上の目次を表示したい場所にカーソルが
ある状態にし，[参考資料タブ]−[目次]−[自動作成の目次]をクリックすると（図 A.20），
ページ入りで目次が表示される（目次の挿入結果）。

図 A.20　目次の挿入方法

==================== 目次の挿入結果 ====================

床暖房の普及に関する規定要因について↵

目次が表示される。

学籍番号△△△△　氏名△△△△↵

▪目次↵

↵

↵

▪1.　分析の背景と目的↵

　近年，多くの世帯で床暖房が普及してきている。しかしながら，その普及率[1]は地域によ

==

②　見出しを修正した場合，目次は自動では修正されない。目次の左上の[目次の更新]ボタンをクリックし，[目次をすべて更新する]をクリックすると，最新の状態にできる（目次の修正例）。

③　目次を削除する場合には，目次全体をドラッグで範囲選択してから Delete キーで削除する。

==================== 目次の修正例 ====================

床暖房の普及に関する規定要因につい

↵

学籍

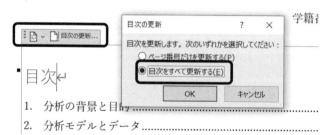

目次の更新　　　　　?　×

目次を更新します。次のいずれかを選択してください：

○ ページ番号だけを更新する(P)

● 目次をすべて更新する(E)

OK　　　　キャンセル

目次↵

1. 分析の背景と目

2. 分析モデルとデータ

==

操作 A.14　コメントの挿入と削除

①　文書内にコメントを入れて，他の人とやりとりする場合には，コメント機能が便利である。文書内のコメントを入れたい箇所をドラッグで範囲選択してから，[校閲タブ]－[新しいコメント]（図 A.21）をクリックすると，右側にコメント欄が挿入される（コメントの挿入例）。

②　コメントの検討を終えたら，各コメント欄をクリックし，[校閲タブ]－[削除]をクリックすることでコメントを削除することができる。

図 A.21　コメントの挿入と削除

=================== コメントの挿入例 ===================

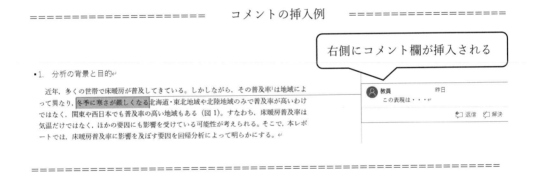

右側にコメント欄が挿入される

- 1.　分析の背景と目的

　近年，多くの世帯で床暖房が普及してきている。しかしながら，その普及率は地域によって異なり，冬季に寒さが厳しくなる北海道・東北地域や北陸地域のみで普及率が高いわけではなく，関東や西日本でも普及率の高い地域もある（図 1）。すなわち，床暖房普及率は気温だけではなく，ほかの要因にも影響を受けている可能性が考えられる。そこで，本レポートでは，床暖房普及率に影響を及ぼす要因を回帰分析によって明らかにする。

補論 B　分析結果を用いたレポートの書き方

　文書例 B.1，B.2，B.3 には，例題 3.1，例題 4.1-4.2 および例題 5.1 をそれぞれレポートにした場合の文例を示している。分析結果をレポートとしてまとめる場合には，同じデータで同じ手法を用いれば，必ず同じ結果が得られるように，正確に，分析に使用した情報をまとめる必要がある（再現性という）。レポートの作成に不慣れな場合には，以下のような【統計分析のレポートの形式】や，回帰分析の場合には必要な情報が異なるので，【回帰分析のレポートの形式】を参考にして作成するよう心掛けてみよう。

【統計分析のレポートの形式】

　1.分析の背景と目的

　　・研究の背景と目的を明確に記す。

　2.分析方法

　　・データの時点や期間も含めて，どのようなデータを利用し，どのような分析方法を用いたか，などを明示する。

　　・使用したデータを加工した場合には，どのような計算をしたかを明示する。

　3.分析結果

　　・分析結果は表や図で示し，表や図にはそれぞれ連番をつけて，文中でどの図や表について述べているか明示するようにする。単位の記載にも注意。

　　・図や表の下には，使用したデータの出所を示す。

　　・全体の傾向や大きな傾向の違いを述べてから，詳細な内容を述べるようにする。

　4.考察

　　・今回の分析から，何が明らかとなったのかを記す。

　　・うまくいかなった場合には，なにが不足していたのか（どのような改善が必要か）を記す。

　参考文献

　　・データを取得した資料元や，参考にした図書を示す。

【文書例 B.1】

関東と近畿における経済成長の要因分解

学籍番号△△△△　氏名△△△△

1. 分析の背景と目的

　関東ブロックおよび近畿ブロックは，東京や大阪・京都など主要都市を含んでおり，これら地域の経済成長は日本全体の経済に大きな影響を及ぼすものと考えられる。そこで，本レポートでは，関東と近畿の経済成長，およびそれら地域の経済成長に寄与している項目とその程度を明らかにすることを目的とする。

2. 分析方法

　本分析では，県民経済計算（内閣府）の地域ブロック別のデータを用いて，2014 年から 2015 年にかけての県内総生産の経済成長率（変化率）に対する寄与度分析を行う。関東は茨城県，栃木県，群馬県，埼玉県，千葉県，東京都，神奈川県の合計，近畿は三重県，滋賀県，京都府，大阪府，兵庫県，奈良県，和歌山県の合計である。県内総生産の内訳項目は次のように作成した。

　県内総生産＝民間消費（民間最終消費支出）＋民間投資（総固定資本形成（民間））
　　　　　　＋公的支出（政府最終消費支出＋総固定資本形成（公的））
　　　　　　＋その他（在庫変動＋財貨・サービスの移出入(純)・統計上の不突合・開差）

3. 分析結果

　表1および図1には，2014 年から 2015 年までの経済成長率に対する寄与度分析の結果を，関東と近畿について示している。地域間の相違に着目すると，まず，県内総生産の成長率は関東が 1.98%，近畿が 1.35%とやや上昇傾向にあり，関東のほうがやや高い値を示している。これらの成長率に対して，「その他」の項目が最も大きく約1%程度寄与し，次に，「民間消費」がいずれの地域も 0.5%前後の寄与を示しており，寄与率では全体の 3 割を占めていることがわかる。併せて，公的支出は近畿での寄与は小さいが，関東では 0.4%程度の寄与があり，寄与率をみると全体の 18%程度を占めている。

	寄与度（%）		寄与率（%）	
地域	関東	近畿	関東	近畿
県内総生産	1.98	1.35	100.00	100.00
民間消費	0.60	0.40	30.46	29.99
民間投資	0.12	-0.20	6.00	-14.48
公的支出	0.36	0.14	17.90	10.49
その他	0.91	1.00	45.64	74.00

表1　関東と近畿の寄与度・寄与率

図1　関東と近畿の寄与度

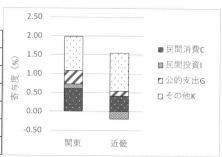

（出所）内閣府 Web サイト，県民経済計算より著者作成。

4. 考察

　2014 年から 2015 年にかけては，いずれの地域もプラスの経済成長を示しており，また，関東地域のほうが高い成長率を示していた。いずれの地域も，経済成長に対して民間消費が大きく寄与しており，消費の促進がいかに経済成長に不可欠であるかを確認することができた。ただし，本レポートでは「その他」に分類した項目の寄与が大きく，「その他」の項目の内訳までは確認していない。「その他」の内訳を細分化して，「在庫変動」や「財・サービスの移出入」のいずれの寄与が大きいかを詳細に確認すれば，消費以外にも経済成長への寄与が高い項目を特定することができるものと考えられる。

【参考文献】

内閣府 Web サイト，「県民経済計算（平成 18 年度 - 平成 27 年度）（2008SNA、平成 23 年基準計数）」(http://www.esri.cao.go.jp/jp/sna/data/data_list/kenmin/files/contents/main_h27.html) 参照日 2018 年 10 月 31 日

【文書例 B.2】

作成日　△△△△年△月△日

県民所得と電力消費量の相関分析

学籍番号△△△△　　氏名△△△△

1. 分析の背景と目的

　環境問題に関する意識が高まる中，電力消費量の増加は環境への負荷が懸念される。しかしながら，経済発展には電力消費は不可欠なものとも考えられる。そこで，本研究の目的は，電力消費量と所得との関係を，相関分析により明らかにするものである。

2. 分析方法

　2014 年の都道府県別 1 人当たり県民所得と 1 人当たり電力消費量を用いて，まず，1 変量の分布と基本統計量を確認する。さらに，散布図と相関係数により，県民所得と電力消費量の間に相関関係があるかどうかを明らかにする。

3. 分析結果

　図 1 および図 2 には，1 人当たり県民所得と 1 人当たり電力消費量のヒストグラムを示している。また，表 1 にはそれら変数の基本統計量を示している。まず，1 人当たり県民所得は，ヒストグラムから 250-300 万円の都道府県が多く，平均値は 281 万円となっている。次に，1 人当たり電力消費量は，ヒストグラムから 6000-7500 キロワットの都道府県が多く，やや右に裾が長い分布になっており，平均値は 7543 キロワット，中央値は 7100 キロワットである。

図 1　1 人当たり県民所得の分布　　図 2　1 人当たり電力消費量の分布

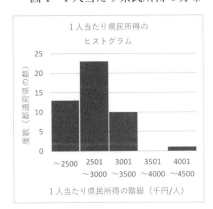
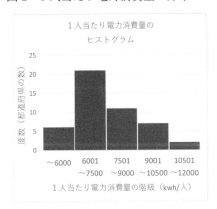

（出所）内閣府 Web サイト「県民経済計算」および，資源エネルギー庁 Web サイト「都道府県別エネルギー消費統計」より著者作成。

147

図3には，これら変数間の散布図を示しており，右上がりにデータが分布しており，また，相関係数は0.31であることから，弱い正の相関関係があるといえる。したがって，1人当たり県民所得が高い都道府県ほど1人当たり電力消費量が多くなる，または，1人当たり電力消費量が多い都道府県ほど1人当たり県民所得が高くなるということができる。

表1　基本統計量

基本統計量	県民所得	電力消費量
最小値	2100.0	5100.0
最大値	4500.0	11200.0
データ数	47.0	47.0
平均	2814.9	7542.6
中央値	2800.0	7100.0
最頻値	2400.0	6900.0
分散	147225.0	2313082.8
標準偏差	383.7	1520.9

図3　散布図

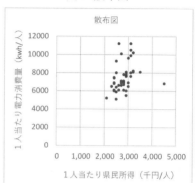

　（出所）内閣府Webサイト「県民経済計算」および，資源エネルギー庁Webサイト「都道府県別エネルギー消費統計」より著者作成。

4. 考察

　本レポートでは，1人当たり県民所得と1人当たり電力消費量には，弱い正の相関関係があることが明らかとなった。すなわち，所得と電力消費は相互に影響している可能性があり，所得の上昇には，電力消費量の増加がある程度必要となっていることが示された。経済の発展とともに環境問題を考慮したとき，より環境に優しい電力供給方法の開発が急がれるものと考えられる。

【参考文献】

・内閣府Webサイト「県民経済計算」（93SNA，平成17年基準）(http://www.esri.cao.go.jp/jp/sna/data/data_list/kenmin/files/contents/main_h26.html) 参照日2018年10月31日

・資源エネルギー庁Webサイト「都道府県別エネルギー消費統計」（93SNA，平成17年基準）(http://www.enecho.meti.go.jp/statistics/energy_consumption/ec002/results.html#headline2) 参照日2018年10月31日

【回帰分析のレポートの形式】

1.分析の背景と目的
　・研究の背景と目的を明確に記す。

2.分析の枠組み
　・どのようなデータを利用したか，また，データの利用期間などを明示する。
　・被説明変数と説明変数を明示し，それらの変数を作成する際に，どのような計算を
　　したかを明示する。
　・使用するデータの基本統計量（平均値，標準偏差，最小値，最大値）を明示し，表の
　　下にはデータの出所を記載する。

3.分析結果
　・Excel などから出力された結果は，そのまま貼り付けるのではなく，サンプルサイズ，
　　決定係数，回帰係数，t 統計量（または標準誤差や p 値）など，必要な情報を整理し
　　て示す。いずれの統計量を示すかは，分野などでも異なるので，担当の先生に確認
　　する。
　・決定係数で回帰モデル全体の適合度を示し，t 統計量（または p 値）に基づく仮説検
　　定の結果を示したうえで，説明変数との因果関係の有無を述べる。
　・回帰分析では，相関関係ではなく因果関係を捉えている点に注意する。

4.考察
　・今回の分析から，何が明らかとなったのかを記す。
　・うまくいかなった場合には，なにが不足していたのか（どのような改善が必要か）
　　を記す。

参考文献
　・データを取得した資料元や，参考にした図書を示す。

【文書例 B.3】

作成日　△△△△年△月△日

床暖房の普及に関する規定要因について

学籍番号△△△△　氏名△△△△

1.　分析の背景と目的

　近年，多くの世帯で床暖房が普及してきている。しかしながら，その普及率は地域によって異なり，冬季に寒さが厳しくなる北海道・東北地域や北陸地域のみで普及率が高いわけではなく，関東や西日本でも普及率の高い地域もある（図1）。すなわち，床暖房普及率は気温だけではなく，ほかの要因にも影響を受けている可能性が考えられる。そこで，本レポートでは，床暖房普及率に影響を及ぼす要因を回帰分析によって明らかにする。

図1　都道府県別床暖房普及率（%）

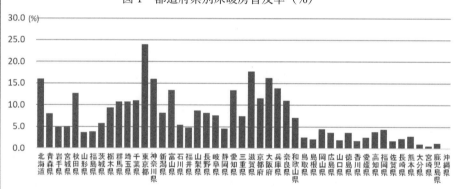

（出所）総務省統計局 e-Stat Web サイト，「全国消費実態調査 2014 年」より筆者作成。

2.　分析モデルとデータ

　床暖房を導入する際には，高額な作業費用が必要となり，また，日々床暖房を使用するには電気代（またはガス代）が必要となることから，気温以外の要因としては収入が影響を及ぼしているのではないかと想定される。そこで，被説明変数には床暖房普及率，説明変数には年間収入と平均気温を用いて，回帰分析を行うことにする。

　データは都道府県別の値を用いて，床暖房普及率と年間収入は 2014 年の値，平均気温は県庁所在地の 1981 年～2010 年の平年値を使用する。これらの基本統計量は表 1 に示している。

表 1　基本統計量

	平均	標準偏差	最小値	最大値
床暖房普及率（%）	7.29	5.38	0.10	24.00
年間収入（千円）	5230.53	541.47	3772.00	6285.00
平均気温（℃）	15.17	2.37	8.90	23.10

（出所）総務省統計局 e-Stat Web サイト，「全国消費実態調査 2014 年」，
「日本の統計 2018」より筆者作成。

3.　分析結果

　表 2 には，被説明変数を床暖房普及率（%），説明変数を年間収入（千円）および平均気温（℃）としたときの回帰結果を示している。まず，決定係数は 0.235 であり，モデル全体の適合度はやや低い値を示している。次に，t 統計量をみると，年間収入の値は 3.273 であり，回帰係数は 0.004 とプラスの値を示しているので，年間収入は床暖房普及率にプラスの影響を及ぼしている。これに対して，平均気温の t 統計量は-1.161 であるので，平均気温は床暖房普及率に影響を及ぼしているとはいえない。以上のことから，床暖房普及率に影響を及ぼす要因は，年間収入であり，プラスの効果をもたらすことが明らかとなった。

表 2　回帰分析の結果

	係数	標準誤差	t	p値
切片	-10.433	9.674	-1.078	0.287
年間収入（千円）	0.004	0.001	3.273	0.002
平均気温（℃）	-0.358	0.309	-1.161	0.252
修正済み決定係数	0.235			
サンプルサイズ	47			

4.　考察

　本レポートでは，床暖房普及率に影響を及ぼす要因を回帰分析により特定した。その結果，年間収入は床暖房普及率にプラスの影響を及ぼしているが，平均気温は影響を及ぼしているとはいえないことが明らかとなった。今後の課題としては，寒暖差の激しい日本の地域を考慮して，平均気温ではなく，冬季の気温に限定したときに結果が異なるかなど，より詳細に分析を進めていく必要がある。

【参考文献】

総務省統計局 e-Stat Web サイト，「全国消費実態調査 2014 年」，「日本の統計 2018」
(https://www.e-stat.go.jp) 閲覧日: 2018 年 10 月 31 日

補論 C　データ処理や集計作業に便利なツール

　各自の関心に沿って研究を行う際，取得したデータをそのまま利用できるケースは少なく，分析できるようにデータを処理したり，複数の変数を用いて集計作業を行う必要が多々ある。このような作業を効率的に行うには，IF 関数や VLOOKUP 関数，またはピボットテーブルの利用が便利である。以下では，例題を通して，これらの使い方を説明する。

【例題 C.1】
　産業中分類，都道府県，年齢 5 歳階級，性別の従業者数のデータを用いて，以下の設問に答えなさい（データの出典は付録 C.1）。この例題では，産業中分類や都道府県ではカテゴリーが細かすぎ，多すぎるため，どこに焦点をおいたらよいか不明なケースを想定し，まずは大まかな地域と産業の特徴を捉えるために，産業中分類に対応する「産業大分類」や都道府県に対応する「地域 8 区分」に着目していく。

(1) 新しく「産業大分類」，「地域 8 区分コード」，「地域 8 区分」，「地域 2 区分」を挿入するために，「産業中分類」の右隣に 1 列，「都道府県」の右隣に 4 列，新たに列を追加しなさい。

(2) 産業対応表を用いて，産業中分類に対応する「産業大分類」の項目を追加しなさい。また，地域区分対応表を用いて，都道府県に対応する「地域 8 区分コード」と「地域 8 区分」の項目を追加しなさい。

(3)「地域 8 区分コード」を以下の基準で 2 区分にする「地域 2 区分」と「地域 3 区分」の項目を追加しなさい。

　　「地域 2 区分」
　　　　1 東日本：　1 北海道・東北，2 関東，3 中部
　　　　2 西日本：　4 関西，5 中国，6 四国，7 九州・沖縄
　　「地域 3 区分」
　　　　1 北海道・東北：　1 北海道・東北
　　　　2 関東・中部：2 関東，3 中部
　　　　3 西日本：　4 関西，5 中国，6 四国，7 九州・沖縄

(4) 関西地域に限定して，都道府県別に，従業者数を求めなさい。

(5) 関西地域に限定して，都道府県別に，産業大分類別の従業者数を求めなさい。

(6) 関西地域に限定して，都道府県別に，産業大分類の従業者のシェア（従業者割合）を
求めなさい。

	A	B	C	D	E	F	G
1	産業中分類コード	産業中分類	地域コード	都道府県	年齢5歳階級	性別	従業者数（人）
2	30	01 農業	1000	北海道	15〜19歳	男	410
3	30	01 農業	2000	青森県	15〜19歳	男	60
4	30	01 農業	3000	岩手県	15〜19歳	男	100

図 C.1　データの形式

	A	B	C
1	産業中分類コード	産業中分類項目名	産業大分類項目名
2	30	01 農業	A 農業，林業
3	60	02 林業	A 農業，林業
4	90	03 漁業（水産養殖業	B 漁業

図 C.2　産業対応表

	A	B	C	D
1	都道府県コード	都道府県	地域8区分コード	地域8区分
2	0	全国	0	全国
3	1000	北海道	1	1 北海道・東北
4	2000	青森県	1	1 北海道・東北

図 C.3　地域区分対応表

操作 C.1　列の挿入　— 例題 C.1（1）

① 　「産業中分類」の項目の右隣に「産業大分類」を挿入するために，C 列のアルファベッ
ト上を右クリックして[挿入]をクリックし，新しい列を作成する（図 C.4）。

② 　同様に，都道府県に対応する「地域 8 区分コード」，「地域 8 区分」，「地域 2 区分」お
よび「地域 3 区分」を挿入するために，E 列の右隣りに新たに列を挿入する。今回は 4
列必要なので，F 列から I 列までのアルファベット上をドラッグで選択し，右クリックし
て[挿入]をクリックすると，一度の操作で新しく 4 列分が挿入できる（図 C.5）。

図 C.4　列の挿入（1 列分）

153

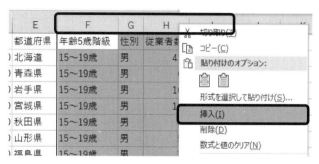

図 C.5　列の挿入（4 列分）

操作 C.2　VLOOKUP 関数の利用　— 例題 C.1（2）

① VLOOKUP 関数を用いて，産業中分類に対応する「産業大分類」の値を入れるには以下の手順で行う。各 Step は，カンマ（，）で区切りながら指定していくことに注意。

Step1. C2 セルに［=VLOOKUP（］と入力したら，検索値である産業中分類コードの A2 セルをクリックし，カンマを入力する。

Step2. データ範囲を指定するために，産業対応表シートをクリックし，表となっている A 列から C 列を選択し（列の選択方法は 1.2 節の〈参考 1.4〉を参照），F4 キーで絶対参照にしてから，カンマを入力する。値を追加するシートと対応表のシートが異なる場合には，「産業対応表!$A:$C」のようにシート名の後ろに列番号が示される。

Step3. 産業対応表の 3 列目の値を追加するために，列数の「3」と入力し，カンマを入力する。

Step4. ［　FALSE ）］と入力して ENTER キーを押してから，元のシートに戻り，オートフィルで下のセルにコピーする。

［ = VLOOKUP（ 検索値，データ範囲，列番号，検索方法　 ）］

　　検索値 : 参照するコードのセルを指定

　　データ範囲 : 対応表の全ての列範囲をドラッグで指定

　　　　　　　　（必ず対応表の左端に検索値と同じ符号があること）

　　列番号 : 対応表の追加したい値のある列番号を指定

　　検索方法 : 完全に一致した時のみ追加するときは FALSE

　　　　　　　　近似で一致する場合でも追加するときは TRUE

産業大分類の追加（C2 セル）：[= VLOOKUP(A2 , 産業対応表!$A:$C , 3 , FALSE)]

	A	B	C	
1	産業中分類コード	産業中分類	産業大分類	
2	30	01 農業	=VLOOKUP(A2,産業対応表!$A:$C,3,FALSE)	
3	30	01 農業		
4	30	01 農業		

図 C.6　VLOOKUP の利用（産業大分類）

② 同様に，VLOOKUP 関数を用いて，都道府県に対応する「地域8区分コード」と「地域8区分」を挿入する。列指定には，地域8区分コードは3列目にあるので「3」，地域8区分は4列目にあるので「4」と入力する。オートフィルで下のセルにコピーする。

地域8区分コードの追加（F2 セル）

　：[= VLOOKUP(D2 , 地域区分対応表!$A:$D , 3 , FALSE)]

地域8区分の追加（G2 セル）

　：[= VLOOKUP(D2 , 地域区分対応表!$A:$D , 4 , FALSE)]

	D	E	F
1	地域コード	都道府県	地域8区分コード
2	1000	北海道	=VLOOKUP(D2,地域区分対応表!$A:$D,3,FALSE)
3	2000	青森県	
4	3000	岩手県	

図 C.7　VLOOKUP の利用（地域8区分コード）

	D	E	F	G
1	地域コード	都道府県	地域8区分コード	地域8区分
2	1000	北海道	1	=VLOOKUP(D2,地域区分対応表!$A:$D,4,FALSE)
3	2000	青森県	1	
4	3000	岩手県	1	

図 C.8　VLOOKUP の利用（地域8区分）

操作 C.3　IF 関数の利用　— 例題 C.1（3）

① 　IF 関数は，セル内の値がある条件を満たしているか，満たしていないかで，新たに値を付与する関数である。条件の書き方は，表 C.1 に整理している。

　IF 関数の書き方

　　: [= IF(参照セルの値に対する条件，条件が正しい時の値，条件が正しくない時の値)]

　地域 2 区分の指定（H2 セル）　: [= IF(F2<=3 , "1 東日本" , "2 西日本")]

	D	E	F	G	H
1	地域コード	都道府県	地域8区分コード	地域8区分	地域2区分
2	1000	北海道	1	1 北海道・東北	=IF(F2<=3,"1東日本","2西日本")
3	2000	青森県	1	1 北海道・東北	
4	3000	岩手県	1	1 北海道・東北	

図 C.9　IF 関数の利用

　　上記の IF 関数の指定では，地域 8 区分コードで 3 以下が東日本，4 以上が西日本であるため，「地域 8 区分コードの値が 3 以下である」という条件を「F2<=3」と表現し，この条件が正しい時に「1 東日本」という値が入り，この条件以外の時は「2 西日本」という値が入るようにしている。

条件	IF 条件の書き方
セルの値はある値（たとえば，2）である	セル番号=2
セルの値はある値（2）以上である	セル番号>=2
セルの値はある値（2）以下である	セル番号<=2
セルの値はある値（2）より大きい	セル番号>2
セルの値はある値（2）未満である	セル番号<2
セルの値はある値（2）以外である	セル番号<>2
セルの値はある文字列（たとえば，「有」）である	セル番号="有"

表 C.1　IF 関数の条件の書き方

また，条件の正誤によって表示させる値が文字列である場合には，ダブルクォーテーション ""で囲う必要があるが，数字である場合には不要である。今回は「東日本」などの文字が入っているのでダブルクォーテーションで囲っている。入力を終えたら，オートフィルする。

② 　3区分以上の場合には，IF文の中にIF文を入れていく。まずは，「北海道・東北地域」であるかどうかで条件を入れ，条件が正しくない場合にはさらにIF文を入れて，「関東・中部地域」であるかを特定する。その際に，最初に入れた条件は自動で除かれるので，「F2<=3」と指定すれば，F2=1は除かれたうえでF2セルが「3以下の値か（つまり2または3）」，「3より大きいか」を特定することができる。

地域3区分の追加（I2セル）

　：[＝ IF(F2=1 , "1 北海道・東北", 　IF(F2<=3 , "2 関東・中部", "3 西日本"))]

操作 C.4　ピボットテーブルの利用（行集計とフィルタ）　― 例題 C.1（4）

① 　集計する表の全てを（A1セルからL115621セル）を範囲指定し，[挿入タブ]-[テーブルグループ]-[ピボットテーブル]をクリックする（図C.10）。

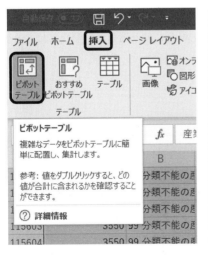

図 C.10　ピボットテーブルの指定

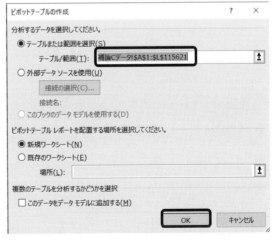

図 C.11　[ピボットテーブルの作成] ウィンドウ

② 図 C.11 のように，[ピボットテーブルの作成]ウィンドウが開いたら，そのまま OK ボタンをクリックする。新しくシート（今回は Sheet1）が作成され，図 C.12 の[ピボットテーブルのフィールド]ウィンドウで操作すれば，さまざまな集計ができる。

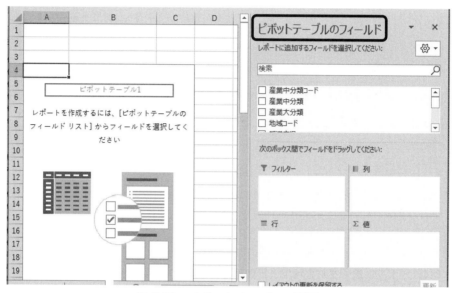

図 C.12　ピボットテーブルの画面

③　都道府県別の従業者数を求める場合には，図 C.13 のようにピボットテーブルの右下の[値]欄に「従業者数」の変数をドラッグ&ドロップし，左下の[行]欄に「都道府県」をドラッグ&ドロップする。[値]欄や[行]欄を空欄に戻す場合には，既に[値]欄などにある変数を上部の項目欄に戻すようにドラッグ&ドロップすればよい。

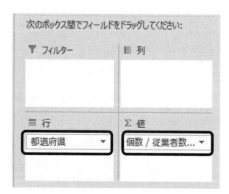

図 C.13　都道府県別の従業者数

	A	B
1		
2		
3	行ラベル ▼	合計 / 従業者数
4	愛知県	3743760
5	愛媛県	640740
6	茨城県	1339820

図 C.14　都道府県別の従業者数の結果

④ ［値］欄の「従業者数」右横にあるプルダウンボタンをクリックし，［値フィールドの設
　定]をクリックすると（図 C.15），［値フィールドの設定]ウィンドウが開く。これにより
　「合計」,「個数」,「平均」などの計算の指定ができる（図 C.16）。今回は「合計」とすれ
　ば図 C.14 が得られる。

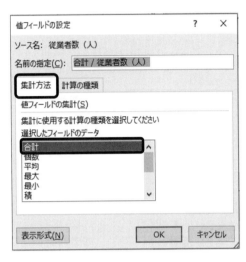

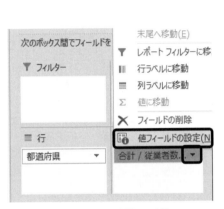

図 C.15　合計値の計算　　　　　　　　図 C.16　［値フィールド]の設定

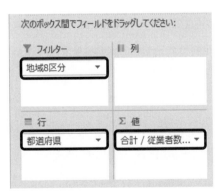

図 C.17　フィルターの利用　　　　　　図 C.18　フィルターの設定

⑤ 計算結果の表示を特定の項目のカテゴリーに限定する場合には，図 C.17 のように[フ
　ィルター]欄にドラッグ&ドロップする。今回は地域 8 区分で関西地域に限定するため，
　「地域 8 区分」を[フィルター]欄にドラッグ&ドロップする。図 C.18 のように，ピボッ

トテーブルの上部に「地域 8 区分」の項目が表示されるので，プルダウンボタンから関西だけにチェックが入るようにする。求めた値を保存しておく場合は，他のシートにこの表をコピーして，値として貼り付けておかないと（操作 1.3 参照），次の操作をした時にこの表は消えてしまう（図 C.20）。

図 C.19 フィルター利用の結果

図 C.20 結果表の保存

操作 C.5 ピボットテーブルの利用（行列集計と%表示） ― 例題 C.1（5）（6）

① 2 つの項目でクロスして集計する場合には，[行]欄と[列]欄の両方に変数をドラッグ＆ドロップする（図 C.21）。今回は，「都道府県」が[列]欄に，「産業大分類」が[行]欄にあるようにする。得られた結果は，コピーして他のシートに「値」として貼り付ける（図 C.23）。

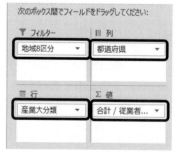

図 C.21 クロス集計の作成

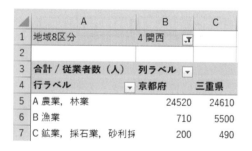

図 C.22 クロス集計の結果（一部）

図 C.23　結果表の保存

② シェアは，以下の式で都道府県別の産業総計を分母として各産業の従業者数の割合を
求めることで得られる（第 2 章 2.3 節参照）。

$$i\text{ 都道府県の }j\text{ 産業の従業者割合} = \frac{i\text{ 都道府県の }j\text{ 産業の従業者数}}{i\text{ 都道府県の従業者数}}$$

ピボットテーブルでは計算式を入力することなく，[値フィールドの設定]ウィンドウを
開き（図 C.24），[計算の種類タブ] -[列集計に対する比率]を指定することで得られる（図
C.25）。得られた結果は，コピーして図 C.23 と同じシートに値として貼り付ける。図 C.26
（a）のようにピボットテーブルでは%表示であるが，コピーして値として貼り付けると
図 C.26（b）のように%表示ではなくなる。

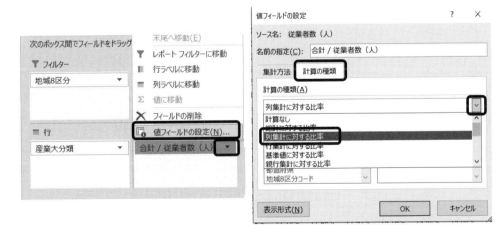

図 C.24　割合の計算　　　　　　　　図 C.25　結果表の保存

161

(a) ピボットテーブルの結果

	A	B	C	D	E	F	G	H	I
1	地域8区分	4 関西							
2									
3	合計 / 従業者数（人）	列ラベル							
4	行ラベル	京都府	三重県	滋賀県	大阪府	奈良県	兵庫県	和歌山県	総計
5	A 農業，林業	2.05%	2.89%	2.69%	0.41%	3.28%	1.92%	8.73%	1.79%
6	B 漁業	0.06%	0.65%	0.06%	0.02%	0.02%	0.20%	0.53%	0.14%
7	C 鉱業，採石業，砂利採取業	0.02%	0.06%	0.03%	0.00%	0.01%	0.02%	0.01%	0.02%
8	D 建設業	5.55%	7.28%	6.06%	6.57%	6.21%	6.50%	7.58%	6.49%
9	E 製造業	15.23%	24.17%	27.08%	14.36%	14.78%	17.87%	13.55%	16.89%
10	F 電気・ガス・熱供給・水道業	0.41%	0.57%	0.36%	0.49%	0.52%	0.44%	0.60%	0.47%
11	G 情報通信業	1.57%	0.81%	0.88%	3.38%	0.75%	1.34%	0.75%	2.09%
12	H 運輸業，郵便業	4.46%	4.94%	4.66%	5.74%	4.09%	5.51%	4.33%	5.26%
13	I 卸売業，小売業	16.38%	14.59%	13.65%	17.93%	16.25%	16.56%	14.93%	16.67%
14	J 金融業，保険業	2.00%	2.10%	1.93%	2.76%	2.22%	1.95%	2.32%	2.33%
15	K 不動産業，物品賃貸業	2.07%	1.25%	1.27%	2.80%	1.97%	2.19%	1.17%	2.24%
16	L 学術研究，専門・技術サービス業	3.15%	2.15%	2.25%	3.64%	2.46%	3.10%	2.21%	3.13%
17	M 宿泊業，飲食サービス業	6.90%	5.55%	5.12%	5.43%	5.80%	5.81%	5.63%	5.71%
18	N 生活関連サービス業，娯楽業	3.34%	3.77%	3.53%	3.36%	3.98%	3.83%	3.64%	3.55%
19	O 教育，学習支援業	6.02%	4.32%	5.06%	4.32%	6.20%	5.21%	4.82%	4.88%
20	P 医療，福祉	12.18%	11.74%	11.86%	11.51%	15.76%	13.54%	15.04%	12.44%
21	Q 複合サービス事業	0.65%	0.95%	0.97%	0.45%	1.10%	0.80%	1.49%	0.70%
22	R サービス業（他に分類されないもの）	5.63%	5.48%	5.31%	6.62%	6.61%	5.85%	5.29%	6.09%
23	S 公務（他に分類されるものを除く）	3.58%	3.21%	2.57%	4.13%	3.13%	3.13%	4.43%	3.07%
24	T 分類不能の産業	8.76%	3.53%	4.00%	7.64%	3.85%	4.24%	2.94%	6.05%
25	総計	100.00%	100.00%	100.00%	100.00%	100.00%	100.00%	100.00%	100.00%

(a) ピボットテーブルの結果

	O	P	Q	R	S	T	U	V	W	X
1										
2										
3		地域8区分	4 関西							
4										
5		合計 / 従	列ラベル							
6		行ラベル	京都府	三重県	滋賀県	大阪府	奈良県	兵庫県	和歌山県	総計
7		A 農業，林	0.02048	0.02889	0.02691	0.00411	0.03281	0.01921	0.08732	0.01795
8		B 漁業	0.00059	0.00646	0.00056	0.00019	0.00019	0.00196	0.00533	0.00141
9		C 鉱業，採	0.00017	0.00058	0.00034	4.3E-05	8.5E-05	0.00018	0.00012	0.00016
10		D 建設業	0.05552	0.07276	0.06058	0.06568	0.06215	0.06504	0.07584	0.06486
11		E 製造業	0.15228	0.24168	0.27079	0.14357	0.14785	0.17865	0.13554	0.16889
12		F 電気・ガ	0.00407	0.00574	0.00363	0.00491	0.00516	0.0044	0.00601	0.00474
13		G 情報通信	0.01567	0.00814	0.00876	0.03381	0.00748	0.0134	0.00751	0.0209
14		H 運輸業，	0.04463	0.04938	0.04661	0.05743	0.04086	0.05512	0.04329	0.0526
15		I 卸売業，	0.16377	0.14586	0.1365	0.17926	0.16254	0.16559	0.14927	0.16667
16		J 金融業，	0.01997	0.021	0.01933	0.02755	0.02215	0.01949	0.02322	0.02331
17		K 不動産業	0.02073	0.01252	0.01269	0.02799	0.01973	0.02189	0.01167	0.02236
18		L 学術研究	0.03149	0.0215	0.02253	0.03639	0.02459	0.03101	0.02214	0.03127
19		M 宿泊業，	0.06903	0.0555	0.05116	0.05429	0.05805	0.0581	0.05631	0.05708
20		N 生活関連	0.03344	0.03774	0.03529	0.03359	0.03976	0.03833	0.03636	0.0355
21		O 教育，学	0.06017	0.04324	0.05057	0.04319	0.062	0.05214	0.04817	0.04881
22		P 医療，福	0.12183	0.11741	0.11858	0.11515	0.15759	0.13541	0.1504	0.12441
23		Q 複合サー	0.00648	0.00945	0.00971	0.00453	0.01104	0.008	0.01491	0.00705
24		R サービス	0.05632	0.0548	0.05311	0.06625	0.06614	0.05846	0.05289	0.06091
25		S 公務（他	0.0358	0.03206	0.03234	0.02571	0.04131	0.03126	0.04434	0.03066
26		T 分類不能	0.08756	0.03529	0.04001	0.07638	0.03851	0.04235	0.02939	0.06046
27		総計	1	1	1	1	1	1	1	1

(b) 図 C.23 と同じシートに値として貼り付けた結果

図 C.26　列集計に対する比率の結果

発展問題 C.1

例題 C.1 の続きとして，関西地域に限定して，都道府県別の産業大分類に関する特化係数を求めなさい。また，都道府県別に，横軸を特化係数，縦軸を従業者割合としたときの散布図を作り，その散布図から読み取れることを述べなさい。

=== 発展問題 C.1 の解説 ===

ある地域にとって，ある産業が他の地域と比較して，より特化しているかどうかを示す指標として**特化係数**がある。特化係数は，Q_{ij}とQ_{tj}を以下のように定義し，LQ として求められる（大友（1997））。

$Q_{ij} = i$ 都道府県の j 産業の構成比（i 都道府県の従業者割合）

$Q_{tj} =$ 地域全体の j 産業の構成比（地域全体の従業者割合）

$$\text{特化係数：LQ} = \frac{Q_{ij}}{Q_{tj}}$$

Q_{ij}とQ_{tj}は，例題 C.1（6）の結果で既に得られているため，これを利用して上記の計算式に沿って特化係数を計算する。例題 C.1(6)で得られる従業者割合は「雇用力」を表しており，その値が高いほど雇用の吸収力が高いことを示している。また，特化係数は「稼ぐ力」を表しており，各地域の生産性が同じであるとの仮定のもとで，地域全体と比較してその値が高い産業ほどより特化していることを表している（総務省統計局 HP「地域の産業・雇用創造チャート－統計で見る稼ぐ力と雇用力－」）。これらを横軸と縦軸に示した散布図にすることで（操作 4.11 参照），地域の強みと弱みを把握することができる（図 25）。なお，操作 C.6 により散布図に産業の番号を入れると傾向が把握しやすい。

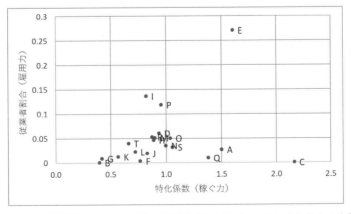

図 C.27　滋賀県における従業者割合と特化係数の関係（産業大分類）

操作 C.6　散布図へのデータラベルの表示

① 図 C.26（b）のシートを用いて，表示させたい A から T までのアルファベットをセル
にそれぞれ入力する。今回は，O7 セルから O26 セルまでに A から T までを入力する（図
C.28 の O 列）。

② 作成した散布図をクリックし，図 C.28 のように右上のプラスマークから，[データラベ
ル] - [その他のオプション]をクリックすると，右側に[データラベルの書式設定]ウィン
ドウが表示される。

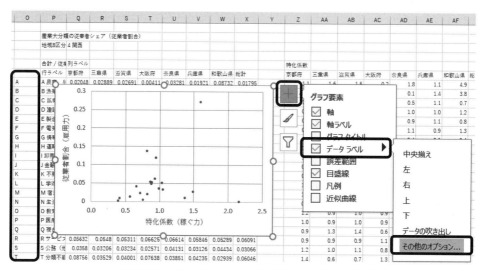

図 C.28　データラベルの書式ウィンドウの表示

図 C.29　データラベルの書式設定

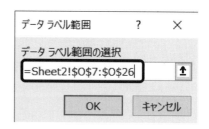

図 C.30　データラベルの範囲指定

② 図 C.29 のように[データラベルの書式設定]の[ラベルオプション]の[Y 値]のチェック
を外し，[セルの値]の[範囲の選択]ボタンをクリックすると，[データラベル範囲]のウィン
ドウが開く。表示させたい値を含むセル範囲(O7〜O26)をドラッグで指定し(図 C.30)，
OK ボタンを押すと，散布図上にアルファベットが示される。

③ ラベルが重なっている場合には，移動させたいラベルのみをダブルクリックしてから，
黒十字の矢印のポインタの時にドラッグすれば，個別にラベルの位置を移動させること
ができる。

発展問題 C.2

発展問題 C.1 の続きとして，滋賀県の特化係数の高い産業大分類「製造業」と，低い値を
示す産業大分類「卸売業・小売業」について，性別・年齢別の従業者割合を求めなさい。ま
た，その結果から横軸を年齢 5 歳階級とした折れ線グラフを作成し，グラフから読み取れ
ることを述べなさい。

=== 発展問題 C.2 の解説 ===

この問題を解くには，ピボットテーブルの[行]欄に「年齢 5 歳階級」，[列]欄に「性別」，
[フィルター]欄に「都道府県」と「産業大分類」をドラッグ&ドロップする。フィルターの
「都道府県」のチェックを滋賀県のみにつけ，「産業大分類」のチェックを製造業のみにつ
けると，製造業に関する性別・年齢別の従業者数が求められる。さらに，[値]欄の[値フィ
ールドの設定]ウィンドウを開き，「列集計に対する比率」を選択すれば，性別・年齢別の従
業者割合が求められる。フィルターのチェックを卸売業・小売業につければ，卸売業・小売
業の性別・年齢別の従業者数が得られる。

図 31 は，製造業と卸売業・小売業の性別・年齢 5 歳階級別の従業者割合を折れ線グラフ
で示したものである。製造業は，男性の従業者では 40 歳台前半が最も多く分布しており，
女性は 25〜34 歳でやや減少傾向にあるが，男性と同じく 40 歳台前半で最も多く分布して
いる。また，卸売業・小売業では，製造業よりも幅広い年齢層で分布しており，女性につい
ては 40〜50 歳台までの割合が高く，逆に男性については 40〜50 歳台の年齢層で低下し，
男女ともに 65 歳以降の割合が製造業より高い傾向にある。これらから，滋賀県において稼
ぐ力（特化係数）や雇用力（従業者割合）の高い製造業については女性 25〜34 歳の雇用の

増加により地域の強みを高めていくことができる。また，卸売業・小売業は稼ぐ力や雇用力が低く滋賀県の弱みではあるが，比較的幅広い年齢層が活躍できるという点で地域の強みに転換できる要素があるものと考えられる。

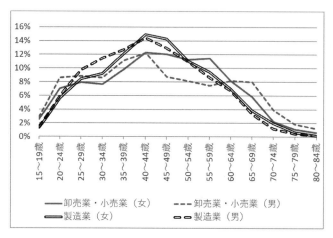

図 C.31　滋賀県における性別・年齢別従業者割合

発展問題 C.3

発展問題 C.1 および C.2 の続きとして，地域 8 区分において関心のある地域 1 つに限定し，また，関心のある産業大分類の 1 つに限定したうえで，産業中分類・都道府県別の従業者割合および特化係数の散布図や，性別・年齢別の従業者割合を求めなさい。その結果から，その地域における産業の特色についてレポートを書きなさい。

（例）九州地域の産業大分類の「N 生活関連サービス業，娯楽業」に限定し，産業中分類である「78 選択・理容・美容・浴場業」「78 その他の生活関連サービス業」「80 娯楽業」を取り上げるなど。

=== 発展問題 C.3 の解説 ===

本問は，発展問題 C.1 と C.2 で産業大分類の概要を学んだ後で，関心をもった産業をさらに詳細に分析し，各自でレポートを作成することを目的としている。分析の際には，取り上げた産業ではどのような事業が行われ，どのような財やサービスが生産されているのかを調べ，データを使って分析を行ってみよう。

補論 D　地域情報の図示に便利なツール

　地域分析を行う際，都道府県や市区町村の状況を地図上で視覚的に捉えた方が地域的な特徴が把握しやすくなるケースがある。その際に便利な Excel のツールが 3D マップである。3D マップでは，地図上に表示したい情報を一つ一つ「レイヤー」として設定し，マップ上には設定した複数のレイヤーを重ね合わせて表示させることができる（例えば，人口を色の濃淡で示し，さらに棒グラフで従業者数を示すなど）。以下では，例題を通して 3D マップの基本的な使い方を学んでいく。

【例題 D.1】

　都道府県別従業者数のデータを用いて，以下の問に答えなさい（データの出典は付録 C.1）。

(1) 都道府県における従業者数の分布の様子を図示しなさい（図 D.2）。

(2) 従業者数が 100 万人以上か 100 万人未満かによって，2 区分する項目「従業者数 2 区分」を作成し，その項目で都道府県を色分けしなさい（図 D.3）。

(3) 得られた地図を Word に貼り付けて，レポートを作成しなさい。

	A	B
1	都道府県	従業者数（人）
2	北海道	2430350
3	青森県	623730
4	岩手県	635770

図 D.1　データの形式

図 D.2　従業者数の分布（色の濃淡）

図 D.3　従業者数の分布（2 区分）

操作 D.1　3D マップを用いて地域を濃淡で塗り分ける　— 例題 D.1（1）

① 地図上に表示したい値を含む表を範囲選択してから，［挿入タブ］-[3D マップ]をクリックし（図 D.4），3D マップのウィンドウを起動する。その際に，初めて起動させる場合には，図 D.5 のようなウィンドウが表れるので，有効化ボタンをクリックする。

図 D.4　3D マップの作成

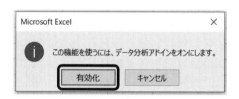

図 D.5　初回起動時のアドイン

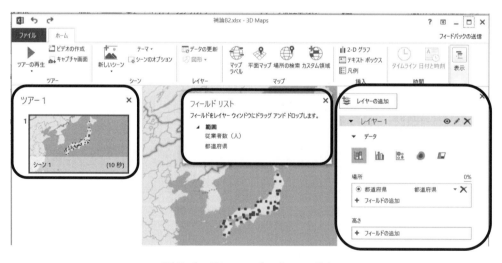

図 D.6　3D マップのウィンドウ

② 3D マップのウィンドウは，図 D.6 のように表示される。左側の[ツアー]で複数の 3D マップを切り替えることができるが，今回は初めて作成したので 1 つのみ示されている。中央には地図が表示されている。右側には[レイヤー]の画面があり，この部分を操作することで地図上にグラフを表示したり地域の分布を色の濃淡で示すことなどができる。また，[フィールドリスト]の小ウィンドウには，地図上に表示できる項目が並べられている。

③ [ホームタブ] -[マップラベル]をクリックすると，地図上に地域の名前を表示することができる（図 D.7）。

④ 初期設定では地球儀形式で表示されているので，[ホームタブ] -[平面マップ]をクリックすると，地図を平面形式で表示することができる（図 D.7）。

⑤ 表示したいデータの単位が都道府県単位であれば，[レイヤー1]ウィンドウの[場所]の設定で，「都道府県」を指定する（図 D.8）。市区町村などの様々な単位も指定できる。

図 D.7　マップラベルとマップの形式

図 D.8　場所の追加

⑥ 地図上に項目の値を表示させる方法は，棒グラフや地図上の色の濃淡などがある。今回は，色の濃淡で，従業者数の大小を表示させるために，[視覚エフェクトを地域に変更]ボタンをクリックする（図 D.9）。次に，[フィールドリスト]の「従業者数（人）」を[レイヤー1]の[値]欄にドラッグ&ドロップすると，色の濃淡で従業者数の大小が示される。

169

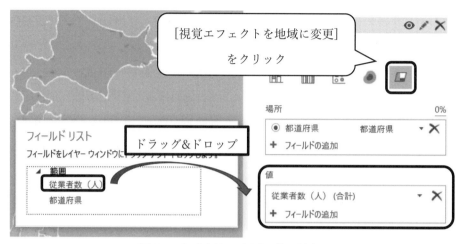

図 D.9　表示方法の変更と値の追加

⑦　色の濃淡の尺度を示す凡例は，四隅をドラッグすることで，適度な大きさに調整することができる（図 D.10）。

⑧　［レイヤー1］ウィンドウの［レイヤーのオプション］をクリックすると，地図上の色や透明度の変更も可能である（図 D.11）。

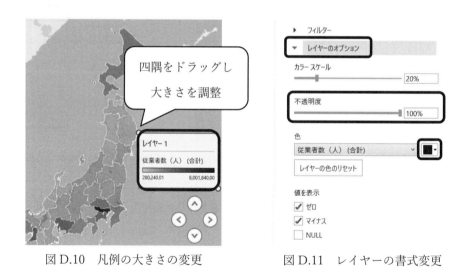

図 D.10　凡例の大きさの変更　　　　　図 D.11　レイヤーの書式変更

170

⑨ [レイヤー1]ウィンドウのペンマーク（図 D.12（a））をクリックし，「従業者数」に変更することで（図 D.12（b）），作成したマップのレイヤーが「従業者数」として識別できるようになる。

(a)

(b)

図 D.12 マップのレイヤー名の変更

操作 D.2　3D マップへの新規データの追加　— 例題 D.1（2）

① 従業者数 2 区分のデータを，元のデータのシートに追加するために，補論 D のデータのシートを開き，A 列の隣に新たに列を追加する（B 列のアルファベット上を右クリックし，挿入をクリック）。3D マップに指定していたデータ範囲の外側の C 列には追加せずに，内側 B 列に追加することで，容易に 3D マップ上に反映させることができる。

② 操作 C.3 を参考にして，IF 関数で新たに変数を追加する。今回は，100 万人以上と 100 万人未満なので，以下のように IF 関数を指定する。

　　従業者 2 区分（B2 セル）：[= IF(C2>=1000000 , "100 万人以上" , "100 万人未満")]

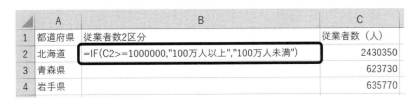

図 D.13　IF 関数の利用

171

③　3D マップのウィンドウに戻り，図 D.14 のように[ホームタブ]の[データの更新]をク
　　リックすると，図 D.15 のように[フィールドリスト]に「従業者数 2 区分」の変数が追加
　　される。

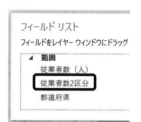

図 D.14　新規項目の 3D マップへの追加　　　　　図 D.15　新規項目の追加

操作 D.3　3D マップを用いて地域を 2 区分に塗り分ける　— 例題 D.1 (2)

①　既に作ってある「従業者数」マップのレイヤーを非表示にして，2 つ目のレイヤーを追
　　加するために，[従業者数]レイヤーの右側にある表示・非表示の切り替えボタンをクリッ
　　クし（図 D.16），[従業者数]のプルダウンボタンをクリックして折りたたむ（図 D.17）。
②　[レイヤーの追加]をクリックし，2 つ目のレイヤーを追加する（図 D.17）。

図 D.16　レイヤーの非表示　　　　図 D.17　従業者数レイヤーを折りたたむ

③ ［レイヤー2］ウィンドウの［視覚エフェクトを地域に変更］ボタンをクリックし，フィールドリストの「従業者数2区分」を［分類］欄にドラッグ&ドロップすると（図D.18），地図が2色で塗分けられる（図D.19）。

図D.18 従業者数2区分の作成 　　　図D.19 従業者数2区分の表示

④ 図D.20の凡例ではわかりにくいため，凡例の表示を2区分で示すために，図D.22のように［レイヤー2］ウィンドウの［分類］欄の右側にあるプルダウンボタンをクリックし，「網かけなし」をクリックすると2区分の凡例（図D.21）が示される。

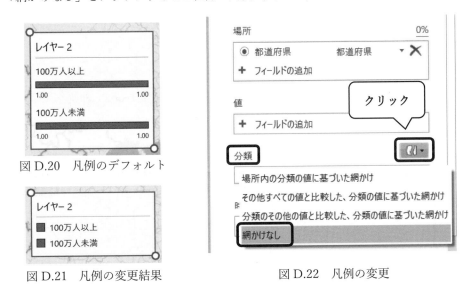

図D.20 凡例のデフォルト

図D.21 凡例の変更結果 　　　図D.22 凡例の変更

173

⑤ ［レイヤー2］ウィンドウのペンマークをクリックし、「従業者数2区分」に変更することで、「従業者数」のレイヤーと「従業者数2区分」のレイヤーを識別できるようになる（図D.23）。

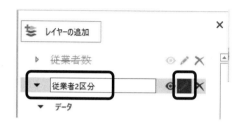

図D.23　従業者数2区分のレイヤー名に変更

操作D.4　3DマップのWordなどへの貼り付け　— 例題D.1 (3)

① 出来上がった図を、レポート等に貼り付ける場合には、凡例の位置などを調整したのちに、［ホームタブ］の［キャプチャ画面］をクリックし（図D.24）、Wordに貼り付ける。

② 作成し終えたら、3Dマップウインドウの閉じるボタンをクリックする。

図D.24　Wordへの貼り付け方法

操作D.5　3Dマップのデータ範囲の削除

① 指定したデータ範囲を間違えた場合や、重複して指定した場合など、3Dマップで扱うデータを変更する場合には、データがあるシートに戻り、［Power Pivotタブ］の［管理］をクリックする（図D.25）。

図D.25　Power Pivotの起動

174

② 図 D.26 のように Power Pivot のウィンドウが開くので，表の下にある[範囲]タブを右
クリックし，[削除]をクリックすると，3D マップで登録していたデータ範囲を削除する
ことができる。

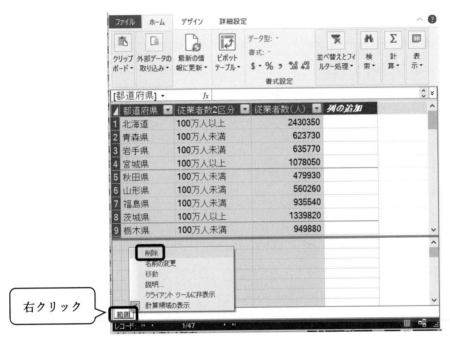

図 D.26　3D マップに指定したデータの削除方法

付録　データの出所

本書で使用したデータは，以下の Web サイト等から取得したものである。

付録 1.1　例題 1.2 のデータ

・総務省統計局 e-Stat Web サイト，人口推計内「我が国の人口推計（大正 9 年〜平成 12 年）」および「長期時系列データ（平成 12 年〜27 年）」(https://www.e-stat.go.jp)

・財務省 Web サイト，財政統計（予算決算等データ）内「第 23 表　平成 9 年度以降一般会計歳出予算目的別分類総括表」(https://www.mof.go.jp/budget/reference/statistics/data.htm)

　※人口推計は暦年，国の一般会計予算は年度ベースである。

　　※参照日 2018 年 10 月 31 日

付録 1.2　練習問題 1.2 のデータ

・総務省統計局 e-Stat Web サイト，人口推計内「我が国の人口推計（大正 9 年〜平成 12 年）」および「長期時系列データ（平成 12 年〜27 年）」(https://www.e-stat.go.jp)

・財務省 Web サイト，財政統計（予算決算等データ）内「第 23 表　平成 9 年度以降一般会計歳出予算目的別分類総括表」(https://www.mof.go.jp/budget/reference/statistics/data.htm)

　　※人口推計は暦年，国の一般会計予算は年度ベースである。

　　※参照日 2018 年 10 月 31 日

付録 1.3　発展問題 1 のデータ

・総務省統計局 e-Stat Web サイト，税務統計内（2015 年度）「国民所得に対する租税負担率」(https://www.e-stat.go.jp)

　　※参照日 2018 年 10 月 31 日

付録 2.1　例題 2.2 のデータ

・内閣府 Web サイト，2014 年度国民経済計算（2005 年基準・93SNA）内，「国内総生産
（支出側、名目）」，「国内総生産（支出側、デフレーター：固定基準年方式）」
（ http://www.esri.cao.go.jp/jp/sna/data/data_list/kakuhou/files/h26/h26_kaku_top.html ）

　　※参照日 2018 年 10 月 31 日

付録 2.2　例題 2.3 および練習問題 2.2 のデータ

・総務省統計局 e-Stat Web サイト，「都道府県・市区町村のすがた（社会・人口統計体系）」
（https://www.e-stat.go.jp）

※参照日 2018 年 10 月 31 日

付録 2.3　発展問題 2 のデータ

・内閣府 Web サイト，2009 年度国民経済計算（2000 年基準・93SNA）内，「国内総生産
（支出側、名目)」，「国内総生産（支出側、デフレーター：固定基準年方式)」
（ http://www.esri.cao.go.jp/jp/sna/data/data_list/kakuhou/files/h26/h26_kaku_top.html ）

※参照日 2018 年 10 月 31 日

付録 3.1　例題 3.1 のデータ

・内閣府 Web サイト，「県民経済計算（平成 18 年度 - 平成 27 年度）（2008SNA、平成 23
年基準計数)」

（http://www.esri.cao.go.jp/jp/sna/data/data_list/kenmin/files/contents/

main_h27.html）

※参照日 2018 年 10 月 31 日

付録 3.2　練習問題 3.1，3.2 のデータ

・内閣府 Web サイト，「国内総生産（支出側、実質：固定基準年方式）平成 17 暦年基準」
（ http://www.esri.cao.go.jp/jp/sna/data/data_list/kakuhou/files/h24/h24_kaku_top.html ）
・総務省統計局 Web サイト，「労働力調査」長期時系列データ【年平均結果−全国】
（http://www.stat.go.jp/data/roudou/longtime/03roudou.html）

　　※参照日 2018 年 10 月 31 日

付録 3.3　発展問題 3.1，3.2 のデータ

・財団法人経済産業研究所 Web サイト内「JIP データベース 2015」
(https://www.rieti.go.jp/jp/database/jip.html)

※参照日 2019 年 10 月 31 日

付録 4.1　例題 4.1，4.2 のデータ

・内閣府 Web サイト「県民経済計算」(93SNA，平成 17 年基準)
(http://www.esri.cao.go.jp/jp/sna/data/data_list/kenmin/files/contents/main_h26.html)
・資源エネルギー庁 Web サイト「都道府県別エネルギー消費統計」(93SNA，平成 17 年基準) (http://www.enecho.meti.go.jp/statistics/energy_consumption/ec002/results.html
#headline2)

　※参照日 2018 年 10 月 31 日

付録 4.2　練習問題 4.1，4.2 のデータ

・総務省統計局 Web サイト「世界の統計 2019」内「第 6 章エネルギーの 6-2 石炭・原油・天然ガス・電力供給量」，「第 3 章国内総生産の 3-3 の 1 人当たり国内総生産（名目 GDP，米ドル表示)」(https://www.stat.go.jp/data/sekai/notes.html)

　　※参照日 2019 年 10 月 31 日

付録 4.3　発展問題 4 のデータ

・IEA Web サイト内「CO2 Emissions from Fuel Combustion 2017 Highlights」の Summary Tables および Indicator Sources and Methods (https://webstore.iea.org/co2-emissions-from-fuel-combustion-highlights-2017)

　　※参照日 2019 年 10 月 31 日

付録 5.1　例題 5.1，5.2，練習問題 5.1，5.2，5.3 のデータ

・総務省統計局 e-Stat Web サイト，「全国消費実態調査 2014 年」，「日本の統計 2018」

(https://www.e-stat.go.jp)

※「床暖房普及率」，「年間収入」「自動車普及率」は 2014 年，人口は 2015 年，面積は

2016 年，および「平均気温」は県庁所在地の 1981 年～2010 年の平年値である。

　　※参照日 2018 年 10 月 31 日

付録 5.2　発展問題 5 のデータ

・日本銀行　Web サイトの時系列統計データ内［主要時系列統計データ表］

(https://www.stat-search.boj.or.jp)

・Board of Governors of the Federal Reserve System Web page,

(https://www.federalreserve.gov)

　　※参照日 2019 年 10 月 31 日

付録 C.1　例題 C.1，発展問題 C.1，発展問題 C.2，発展問題 C.3，例題 D.1 のデータ

・総務省統計局 e-Stat Web サイト内「平成 27 年国勢調査 / 従業地・通学地による抽出詳

細集計（就業者の産業（中分類）・職業（中分類）など）」および「出生の月(4 区分)，年齢

(5 歳階級)，男女別人口(総数及び日本人) 全国(市部・郡部)，都道府県(市部・郡部)，市区

町村，人口集中地区」(https://www.e-stat.go.jp)

　　※参照日 2019 年 10 月 31 日

参考文献

【1】浅野皙，中村二朗（2004）『計量経済学』有斐閣

【2】伊藤公一郎（2017）『データ分析の力因果関係に迫る思考法』光文社新書

【3】稲葉三男，稲葉敏夫，稲葉和夫（2017）『経済・経営 統計入門』共立出版

【4】梅田雅信，宇都宮浄人（2018）『経済統計の活用と論点』東洋新聞新報社

【5】大友篤（1997）『地域分析入門』東洋新聞新報社

【6】金子治平，上藤一郎編著（2011）『よくわかる統計学 I 基礎編』第 2 版（やわらかア
カデミズム・わかるシリーズ）ミネルヴァ書房

【7】金子治平，上藤一郎編著（2011）『よくわかる統計学 II 経済統計編』第 2 版（やわ
らかアカデミズム・わかるシリーズ）ミネルヴァ書房

【8】菊地進，岩崎俊夫編著（2008）『経済系のための情報活用』実教出版

【9】木下滋，土居英二，森博美編著（1998）『統計ガイドブック』大月書店

【10】黒住英司（2016）『計量経済学』東洋経済新報社

【11】小巻泰之（2002）『入門経済統計』日本評論社

【12】小巻泰之・山澤成康（2018）『計量経済学 15 講』（ライブラリ経済学 15 講 BASIC 編）
新世社

【13】作間逸雄編（2003）『SNA がよくわかる経済統計学』有斐閣

【14】田中勝人（1997）『経済統計』岩波書店

【15】東京大学教養学部統計学教室（1991）『統計学入門』東京大学出版会

【16】東京大学教養学部統計学教室（1992）『自然科学の統計学』東京大学出版会

【17】東京大学教養学部統計学教室（1994）『人文・社会科学の統計学』東京大学出版会

【18】鳥居泰彦（1994）『はじめての統計学』日本経済新聞社

【19】中村隆英，新家健精，美添泰人，豊田敬（1999）『統計入門』東京大学出版会

【20】中室牧子・津川友介（2017）『「原因と結果」の経済学―データから真実を見抜く思考
法』ダイヤモンド社

【21】廣松毅，高木新太郎，佐藤朋彦，木村正一（2016）『経済統計』新世社

【22】森棟公夫，照井伸彦，中川満，西埜晴久，黒住英司（2015）『統計学』（改訂版）有斐
閣

【23】山田彌，松村勝弘，平田純一（2018）『経済・経営系学部の情報リテラシー』学術図
書出版社

【24】山本庸平（2018）『統計学 15 講』新世社

【25】山本拓（1995）『計量経済学』（新経済学ライブラリ）新世社

【26】山本拓・竹内明香（2013）『入門計量経済学－Excel による実証分析へのガイド』新
世社

【27】総務省統計局 Web サイト「地域の産業・雇用創造チャート－統計で見る稼ぐ力と雇

用力―」内講義資料（https://www.stat.go.jp/info/kouhou/chiiki/pdf/siryou.pdf）参照日 2020 年 1 月 3 日

索 引

著者略歴（担当章）

くりはら ゆきこ
栗原　由紀子（第1章，第2章，補論）
立命館大学　准教授
専門：統計学，標本調査論，計量経済学

のむら りょういち
野村　良一（第2章）
立命館大学　教授
専門：国際貿易論，産業組織論

はしもと たかひこ
橋本　貴彦（第3章）
立命館大学　教授
専門：経済統計，経済理論

しん しゅうめい
申　雪梅（第4章）
立命館大学　准教授
専門：経済統計，中国経済

あおの こうへい
青野　幸平（第5章）
立命館大学　准教授
専門：ファイナンス，マクロ経済学，計量経済学

はじめて学ぶ　経済系のデータ分析

2019年3月30日	第1版	第1刷	発行
2020年3月30日	第2版	第1刷	発行
2021年3月30日	第3版	第1刷	発行
2023年3月30日	第3版	第3刷	発行

編　著　情報処理演習教材作成委員会

発行者　発田和子

発行所　株式会社　学術図書出版社

〒113−0033　東京都文京区本郷5丁目4−6
TEL 03−3811−0889　振替 00110−4−28454
印刷　三和印刷（株）

定価は表紙に表示してあります．